"通古察今"系列丛书

秦汉魏晋丁中制衍生史论

凌文超 著

河南人民出版社

图书在版编目(CIP)数据

秦汉魏晋丁中制衍生史论 / 凌文超著. —郑州：河南人民出版社，2019.12(2025.3重印)
("通古察今"系列丛书)
ISBN 978-7-215-12003-7

Ⅰ. ①秦… Ⅱ. ①凌… Ⅲ. ①户籍制度-研究-中国-秦汉时代②户籍制度-研究-中国-魏晋南北朝时代 Ⅳ. ①D691.6

中国版本图书馆CIP数据核字(2019)第270936号

河南人民出版社出版发行
(地址：郑州市郑东新区祥盛街27号 邮政编码：450016 电话：0371-65788075)
新华书店经销　　　　环球东方(北京)印务有限公司印刷
开本　787mm×1092mm　　1/32　　印张　8.125
字数　115千
2019年12月第1版　　　　　　　2025年3月第3次印刷

定价：58.00元

"通古察今"系列丛书编辑委员会

顾　问　刘家和　瞿林东　郑师渠　晁福林
主　任　杨共乐
副主任　李　帆
委　员　（按姓氏拼音排序）
　　　　安　然　陈　涛　董立河　杜水生　郭家宏
　　　　侯树栋　黄国辉　姜海军　李　渊　刘林海
　　　　罗新慧　毛瑞方　宁　欣　庞冠群　吴　琼
　　　　张　皓　张建华　张　升　张　越　赵　贞
　　　　郑　林　周文玖

序　言

在北京师范大学的百余年发展历程中，历史学科始终占有重要地位。经过几代人的不懈努力，今天的北京师范大学历史学院业已成为史学研究的重要基地，是国家首批博士学位一级学科授予权单位，拥有国家重点学科、博士后流动站、教育部人文社会科学重点研究基地等一系列学术平台，综合实力居全国高校历史学科前列。目前被列入国家一流大学一流学科建设行列，正在向世界一流学科迈进。在教学方面，历史学院的课程改革、教材编纂、教书育人，都取得了显著的成绩，曾荣获国家教学改革成果一等奖。在科学研究方面，同样取得了令人瞩目的成就，在出版了由白寿彝教授任总主编、被学术界誉为"20世纪中国史学的压轴之作"的多卷本《中国通史》后，一批底蕴深厚、质量高超的学术论著相继问世，如八卷本《中国文化发展史》、二十卷本"中国古代社会和政治研究丛书"、三卷本《清代理学史》、五卷本《历史文化认同与中国统一多民族国家》、二十三卷本《陈垣全集》，以及《历史视野下的中华民族精神》《中西古代历史、史学与理论比较研究》《上博简〈诗论〉研究》等,这些著作皆声誉卓著,在学界产生较大影响,得到同行普遍好评。

除上述著作外,历史学院的教师们潜心学术,以探索精神攻关,又陆续取得了众多具有原创性的成果,在历史学各分支学科的研究上连创佳绩,始终处在学科前沿。为了集中展示历史学院的这些探索性成果,我们组织编写了这套"通古察今"系列丛书。丛书所收著作多以问题为导向,集中解决古今中外历史上值得关注的重要学术问题,篇幅虽小,然问题意识明显,学术视野尤为开阔。希冀它的出版,在促进北京师范大学历史学科更好发展的同时,为学术界乃至全社会贡献一批真正立得住的学术佳作。

当然,作为探索性的系列丛书,不成熟乃至疏漏之处在所难免,还望学界同人不吝赐教。

北京师范大学历史学院
北京师范大学史学理论与史学史研究中心
北京师范大学"通古察今"系列丛书编辑委员会
2019 年 1 月

目　录

一、引　论 \ 1
（一）《晋书·食货志》所载丁中制现疑 \ 1
（二）课役身分、丁中制研究存在的问题 \ 11

二、战国秦汉赋役征派依据的演变 \ 23
（一）先以身高为主要依据 \ 23
（二）后以年龄为主要依据 \ 30
（三）爵制、婚姻等的影响 \ 38

三、简牍时代的户口簿籍与户籍身分、赋役注记 \ 52
（一）简牍时代的户籍及其争论 \ 53
（二）秦代户口簿籍与户籍身分、赋役注记 \ 62
（三）西汉户口簿籍与户籍身分、赋役注记 \ 78

（四）东汉户口簿籍与户籍身分、赋役注记＼100

　　（五）孙吴户口簿籍与户籍身分、赋役注记＼113

四、从户籍、课役身分到丁中身分＼134

　　（一）户籍身分"小""大"的演化＼134

　　（二）户籍身分与赋役注记大致对应而不契合＼144

　　（三）户籍、课役身分的化合与丁中身分之衍生＼170

五、结　语＼217

参考资料＼222

后　记＼248

一、引 论

(一)《晋书·食货志》所载丁中制现疑

最早齐整丁中老小之制见《晋书·食货志》。[1]西晋平吴后(280年)制定的户调式规定:

> 男女年十六已上至六十为正丁,十五已下至十三、六十一已上至六十五为次丁,十二已下

---

[1] 西晋以后,国家按编户民的年龄征派赋役有一整套制度的规定,学界称为"丁中制"。然而,当人成为征派赋役的主要对象时,由谁来承担赋役就需要有相应的制度规定。在秦汉时期,由算赋制度、徭役制度、爵制以及傅律、户律等分别对赋、役征派进行规定。这与西晋以后由一整套制度进行规定明显不同,但其功能都是为了征派编户民赋役。由此看来,它们之间具有源流关系。

六十六已上为老小，不事。[1]

此制按年龄划定男女丁中身分为：小、次丁、正丁、次丁、老。其中老、小不事，正丁是赋役的主要承担者，而次丁（中）只需部分地承担赋役。

唐初官修《晋书》的记载是否准确地反映了西晋初年的制度，[2]目前看来存在疑问。郴州西晋简牍"计阶簿"按丁中身分集计人口，如：[3]

1. 口三千六小女（1—57）

---

[1]《晋书》卷二六《食货志》，中华书局，1974年，第790页。

[2] 唐初官修《晋书》用臧荣绪《晋书》为蓝本，并兼采笔记小说的记载，稍加增饰，未充分利用和认真考核其他各家的晋史和有关史料，因而历来受到指责和批评。

[3] 桂阳郡上城邑户口田租绵绢贾布计阶上书（1—68），状遣上计掾赍谨上，臣君诚惶（2—57）。湖南省文物考古研究所、郴州市文物处：《湖南郴州苏仙桥遗址发掘简报》，湖南省文物考古研究所编《湖南考古辑刊》第8集，岳麓书社，2009年，第93—117页。《汉书》卷六《武帝纪》（中华书局，1962年，第164—165页）："征吏民有明当时之务、习先圣之术者，县次续食，令与计偕。"师古曰："计者，上计簿使也，郡国每岁遣诣京师上之。偕者，俱也。令所征之人与上计者俱来，而县次给之食。后世讹误，因承此语，遂总谓上计为计偕。阚骃不详，妄为解说，云秦汉谓诸侯朝使曰计偕。偕，次也。晋代有计偕簿。又改偕为阶，失之弥远，致误后学。"

一、引　论

2. 口二千一百廿一小女（2—221）
3. 口五千五百六十三小男（2—96）
4. 口六百卅四年十三以上十五以还小男（2—139）
5. 凡丁男二千六百七（1—21）
6. 口二千一百九十六丁女（1—51）
7. 口二百卅八年六十一以上六十五以还老男（2—33）
8. 其口二百六十二老男（1—11）
9. 口一百卅六老女（2—327）
10. 口二百九十二老女（2—352）[1]

其中的丁中身分只有"小""丁""老"，所谓"次丁"则用"年十三以上十五以还小男""年六十一以上

---

[1] 一部分简文见发掘简报；简2—221、2—96、2—139、2—327、2—352见张荣强《"小""大"之间——战国至西晋课役身分的演进》，《历史研究》2017年第2期，第5页。

六十五以还老男"表示,似乎仅针对男子。[1]"次丁"是否为西晋制度上的丁中身分称谓,颇为可疑。自秦汉以来,上计簿是王朝了解各地基本情况以及官员考课的重要依据。西晋武帝还专门就上计颁布了"五条诏书"和"戒敕"。[2] 郴州西晋简"计阶簿"应如实地反映了当时的丁中制,虽有半役(中)之实,但可能还没有法定的"次丁"称谓。

不过,在东晋十六国的文书、户籍中出现了"次丁"一类的称谓,然而相关称谓比较驳杂,有"半丁""次丁男""次男"之称。固定的丁中身分"半丁""中"至迟在南北朝时期才形成定制。例如:范宁在东晋孝武

---

[1] 按西晋"户调之式":"丁男之户,岁输绢三匹,绵三斤,女及次丁男为户者半输。""男子一人占田七十亩,女子三十亩。其外丁男课田五十亩,丁女二十亩,次丁男半之,女则不课。"(《晋收》卷二六《食货志》,第790页)张荣强认为:前一个"女"指丁女,后一个指"次丁女"。次丁女没有课田的义务,做户主也无须缴纳户调;这就和老女、小女一样,属于"不事"的人群。所以简文只对"老女""小女"作了笼统统计,没有再细分出"六十一以上六十五以还老女"和"十三以上十五以还小女"来。张荣强《"小""大"之间——战国至西晋课役身分的演进》,第5页。

[2] 魏斌:《五条诏书小史》,武汉大学中国三至九世纪研究所编《魏晋南北朝隋唐史资料》第26辑,武汉大学文科学报编辑部编辑出版,2010年,第1—21页。

一、引 论

帝时(373—396年)陈时政曰:

"礼,十九为长殇,以其未成人也。十五为中殇,以为尚童幼也。今以十六为全丁,则备成人之役矣。以十三为半丁,所任非复童幼之事矣。岂可伤天理,违经典,困苦万姓,乃至此乎!今宜修礼文,以二十为全丁,十六至十九为半丁,则人无夭折,生长滋繁矣。"帝善之。[1]

对于范宁的建议,孝武帝虽然称善,但未见改制。后来,南朝宋王弘上言:

"旧制,民年十三半役,十六全役。当以十三以上,能自营私及公,故以充役。而考之见事,犹或未尽。体有强弱,不皆称年。且在家自随,力所能堪,不容过苦。移之公役,动有定科,循吏隐恤,可无其患,庸宰守常,已有勤剧,况值苛政,岂可称言。乃有务在丰役,增进年齿,

---

[1]《晋书》卷七五《范宁传》,中华书局,1974年,第1987—1988页。

孤远贫弱，其敝尤深。至令依寄无所，生死靡告，一身之切，逃窜求免，家人远讨，胎孕不育，巧避罗宪，实亦由之。今皇化惟新，四方无事，役召之宜，应存乎消息。十五至十六，宜为半丁，十七为全丁。"从之。[1]

该进言被南朝宋文帝采纳，变革丁中旧制（即沿用的晋制），将"小"限制在14岁及以下，丁年17岁及上，"半丁"年15、16岁。至迟在这次改制之后，日常文书行政中使用的"半丁"确立为法定的丁中称谓。

北朝的情况与此相仿。据"前秦建元二十年（384）三月高昌郡高宁县都乡安邑里籍"中的张晏户籍：

6. 高昌郡高宁县都乡安邑里民张晏年廿三

7. 叔聪年卅五物故　奴女弟想年九　桑三亩半

8. 母荆年五十三　晏妻辛年廿新上　城南常

---

[1] 《宋书》卷四二《王弘传》，中华书局，1974年，第1321页。

一、引 论

田十一亩入李规

9.叔妻刘年卌六 丁男一 得张崇桑一亩

10.晏女弟婢年廿物故 丁女三 沙车城下道北田二亩

11.婢男弟隆年十五 次丁男三 率加田五亩

12.隆男弟驹［年　　］［次丁女一］［舍一　］区

13.驹女弟［□年　　］［小女一］［建元廿年三月藉］

14.聪息男［奴年　　］ 凡口九[1]

其中出现的丁中身分有"小""次丁""丁"。再看"西凉建初十二年（416）正月敦煌郡敦煌县西宕乡高

---

[1] 图版、释文参见荣新江、李肖、孟宪实主编《新获吐鲁番出土文献》，中华书局，2008年，第176—179页。释文修订情况，请参见荣新江《吐鲁番新出土前秦建元二十年籍的渊源》，土肥义和编《敦煌·吐鲁番出土汉文文书の新研究》，《东洋文库论丛》第72期，2009年3月，第204—205、211页；张荣强《〈前秦建元二十年籍〉与汉唐间籍帐制度的变化》，《历史研究》2009年第3期，收入其著《汉唐籍帐制度研究》，商务印书馆，2010年，第224—230页。此处节录释文从荣文。

昌里籍"中的裴保籍：

    17. 敦煌郡敦煌县西宕乡高昌里兵裴保年六十六

    18. 妻袁年六十三　丁　男　二

    19. 息男金年卅九　次　男　一

    20. 金男弟隆年囗四　小　男　一

    21. 金妻张年卅六　女　囗　囗（三）

    22. 隆妻苏年廿二　凡　口　七

    23. 金息男养年二　居　赵　羽　坞[1]

    其中的丁中身分有"小""次男""丁"。这类"次丁男""次男"究竟是制度上的丁中称谓，还是实际行政中创制的身分名词，也有待作进一步研究。不过，可以确认的是，"次丁男""次男"这类身分名词在北朝并没有长期沿用，后来被"中"取代。

    例如，北魏孝文帝太和元年（477）诏敕督课田农，

---

[1] 图版、释文参见池田温著、龚泽铣译《中国古代籍帐研究》（录文与插图），中华书局，2007年，第3—5页。

一、引 论

"一夫制治田四十亩,中男二十亩",[1]"中男"已在诏令中出现,开始成为法定称谓。又如,北齐河清三年(564)令中有明确的丁中制规定:

> 男子十八已上六十五已下为丁,十六已上十七已下为中,六十六已上为老,十五已下为小。率以十八受田,输租调,二十充兵,六十免力役,六十六退田,免租调。[2]

北齐沿用了北魏丁中身分称谓"中"。北朝法定的丁中身分"中"之称,既不同于十六国时期的"次丁男""次男",又不同于东晋南朝的"半丁"(半课),最后还战胜了"次(丁)男""半丁"称谓。北朝"中"身分称谓的制度化为隋唐所承续,最后成为次丁、半课身分的标准称谓。

从两晋南北朝隋唐丁中制的发展趋向来看,[3]除

---

[1]《魏书》卷七上《高祖纪上》,中华书局,1974年,第144页。
[2]《隋书》卷二四《食货志》,中华书局,1973年,第677页。
[3] 具体情况可参见徐畅《隋唐丁中制探源——从敦煌吐鲁番出土户籍文书切入》,《中华文史论丛》2011年第2期,第255—291页。

了"次丁（中）"身分称谓还有一个定制化和调整的过程，西晋丁中制确立的"小""丁""老"以及半役（附属于"小""老"）的课役格局为后代所继承。由此看来，《晋书·食货志》反映的西晋丁中身分格局是大致可信的。西晋丁中制也常被用来作为参照，分析秦汉赋役征派以及南北朝隋唐丁中制，甚至有学者径直认为汉魏时期就业已存在"丁中制"。[1] 然而，秦汉三国史籍并未明确记载此制。西晋丁中制是怎样衍生，此前该制度的发展雏形究竟如何，[2] 这是本书将要着力解决的问题。

---

[1] 例如，杨联陞：《汉代丁中、廪给、米粟、大小石之制》，《中国语文札记——杨联陞论文集》，中国人民大学出版社，2006年，第1—2页；高敏：《吴简中所见"丁中老小"之制》，《新乡师范专科学校学报》2006年第3期，收入其著《长沙走马楼简牍研究》，广西师范大学出版社，2008年，第103—108页。

[2] （唐）杜佑撰《通典》卷七《食货七·丁中》（中华书局，1988年，第154页）将汉代"傅籍"视为丁中的前身。杜正胜认为，晋唐的赋役结构（丁中老小）基本上沿袭汉代的傅籍和课役类别"小""未使""使""卒""老"，甚至可以追溯至秦朝。杜正胜《编户齐民——传统政治社会结构之形成》第1章2"傅籍与课役"，联经出版事业有限公司，1990年，第10—22页。张金光则认为，秦制人口按照其自身之自然状况分作不同类别，以决定其"口"的性质，计有：大、老、小、使、未使、癃等六类。这种分类原则对后世影响甚大。张金光《秦制研究》第十二章"户籍制度"，上海古籍出版社，2004年，第781—784页。

一、引　论

（二）课役身分、丁中制研究存在的问题

在丁中制探源之前，首先需要明确的是，何谓丁中制。学界一般认为，丁中制是中国古代为征派赋役而将编户人口按照年龄进行划分的制度。[1]诚然，西晋以后的历代丁中制无不以年龄作为赋役征派的主要依据，此定义无疑是根据这些记载提炼而成的。

然而，在秦王政十六年（前231）九月"初令男子书年"之前，[2]政府并未全面掌握编户民的年龄，此时年龄不可能是征派赋役的主要依据。据睡虎地秦简《仓

---

[1] 参见中国大百科全书总编辑委员会《中国历史》编辑委员会、中国大百科全书出版社编辑部编《中国大百科全书·中国历史（缩印本）》"丁中"条（孙晓林撰），中国大百科全书出版社，1994年，第111—112页；高敏：《吴简中所见"丁中老小"之制》，《长沙走马楼简牍研究》，广西师范大学出版社，2008年，第103页。

[2] 《史记》卷六《秦始皇本纪》，中华书局，1982年第2版，第232页。此记载得到秦简记录的印证，如睡虎地秦简《编年记》：秦王政十六年"自占年"。睡虎地秦墓竹简整理小组：《睡虎地秦墓竹简》，文物出版社，1990年，第7页。湖南大学岳麓书院所藏秦简0552云：爽初书年十三，尽廿六年年廿三岁。陈松长：《岳麓书院所藏秦简综述》，《文物》2009年第3期，第77页。

律》《法律答问》和《封诊式》,秦律中涉及廪食、赎身、论罪、户口登记时,都使用身高标准,傅籍、征派赋役也当如此。[1] 同时,秦和西汉前期,征役的年龄还受到爵制的强烈影响。[2] 探讨秦汉三国"前丁中制"的发展情形,[3] 身高与爵制对课役身分的影响就应当加以探讨。

---

[1] 睡虎地秦简出土后,学界曾就秦代傅籍的依据展开了充分的讨论。归纳起来,有四种观点:①年龄说,参见高敏《关于秦时服役者的年龄问题探讨》,《郑州大学学报》1978年第2期,收入其著《云梦秦简初探》,河南人民出版社,1981年,第16—25页。②身高说,参见栗劲《〈睡虎地秦墓竹简〉译注斠补》,《吉林大学学报》1984年第5期;杜正胜《编户齐民——传统政治社会结构之形成》,第1章2《傅籍与课役》,联经出版事业有限公司,1990年,第10—22页;马怡《秦人傅籍标准试探》,《中国史研究》1995年第4期。③先是年龄、身高并用,后皆以年龄为准说,参见张金光《秦自商鞅变法后的租赋徭役制度》,《文史哲》1983年第1期。④"隶臣妾"依身高傅籍,"公民"依年龄傅籍,参见陈明光《秦朝傅籍标准蠡测》,《中国社会经济史研究》1987年第1期。出土于湖南里耶的"秦代迁陵县南阳里户版"中无年龄记录,不仅先秦文献,而且目前刊布的秦简中,年代越早(尤其是秦王政十六年之前)的秦简对于身高的记录要比年龄常见一些,先秦以身高作为征派赋役的主要依据当是可以接受的。

[2] 按张家山汉简《二年律令·傅律》,傅籍、睆老、免老的年龄与爵等密切相关。见张家山二四七号汉墓竹简整理小组编著《张家山汉墓竹简〔二四七号墓〕(释文修订本)》,文物出版社,2006年,第57—58页。

[3] "前丁中制"统指西晋以前依据各类户籍、课役身分征派赋役的相关制度。

一、引 论

不仅如此,在先秦很长一段时期内,曾按国家体制之下的地域大小、土地等级和家(受制于家族与村社)等作为依据来征派赋役,[1]至春秋战国之际,"人"才逐渐成为赋役征派的主要对象。唐代杜佑曾指出这一转变:

> 古之有天下者,未尝直取之于人。其所以制赋税者,谓公田什之一及工商衡虞之入,税以供郊庙社稷、天子奉养、百官禄食也,赋以给车马甲兵士徒赐予也。言人君唯于田及山泽可以制财贿耳。其工商虽有技巧之作,行贩之利,是皆浮食不敦其本,盖欲抑损之义也。古者,宅不毛有里布,地不耕有屋粟,人无职事出夫家之征。言

---

[1] 中华书局1982年版《史记》卷二《夏本纪》(第51—75页):"以开九州,通九道,陂九泽,度九山……禹乃行相地宜所有以贡,及山川之便利。"《史记》卷二八《河渠书》(第1405页):"《夏书》曰:(禹)以别九州,随山浚川,任土作贡。"《周礼·地官司徒·小司徒》有关于家户征役制的记载(详后)。(清)孙诒让撰《周礼正义》,中华书局,1987年,第779页。加藤繁:《关于算赋的小研究》,《中国经济史考证(上)》,中华书局,2012年,第127—142页;宫崎市定:《中国古代赋税制度论》,载杜正胜编《中国上古史论文选集》,华世出版社,1979年,第749—795页。

宅不毛者出一里二十五家之泉，田不耕者出三家之税粟，人虽有闲无职事，犹出夫税家税。夫税者谓田亩之税，家税者谓出士徒车辇给徭役也。盖皆罚其惰，务令归农。是故历代至今，犹计田取租税。

夫夏之贡，殷之助，周之藉，皆十而取一，盖因地而税。秦则不然，舍地而税人，故地数未盈，其税必备。[1]

秦"舍地而税人"后，首先需要加以考虑的问题无疑是，究竟由哪部分人来承担赋役，因而需要制定相应的课役身分，丁中制即源于此。

由于人的劳动能力与赋役征派直接相关，古人的身高、年龄、健康状况等生理条件自来就会作为征派赋役的依据。而秦汉时期，爵制之下的编户民具有不同的社会身分和权益，这对赋役征派也有影响。据此，要全面认识中国古代的"丁中制"（包括"前丁中制"），就不应将丁中制定义得过于狭隘。一般来说，只要"人"

---

[1] （唐）杜佑撰《通典》卷四《食货四·赋税上》，中华书局，1988年，第69、77页。

一、引 论

成为赋役征派的主要对象，无论是身高、年龄，还是爵制身分等，只要这些身分与赋役征派结合在一起，课役身分就开始形成，并逐步衍生为丁中身分。

只是，在秦汉三国户口简及相关文书中，没有诸如西晋以后整套丁中身分的记录。"前丁中制"下的赋役征派，分别通过算赋制度、[1]徭役制度等对各阶段（先后主要以身高、年龄为划分依据）的编户民进行规定，起初还深受爵制的影响。这与我们通常所理解的西晋以后的丁中制有明显的不同，但两者的功能和目的相同，都是为了征派编户民赋役，因此它们之间具有源流关系。

由多个制度共同规定的"前丁中制"究竟是如何发展变化，乃至在西晋整合为丁中制的呢？由于史料的局限，目前我们很难直接从制度层面探讨其间的变迁与关联。不过，近年来以秦汉三国律令、户口简及其集计簿书为代表的新材料不断出土和刊布，为我们具体而微地分析这一时期户籍、课役身分的发展、演

---

[1] "口筭钱""算赋""算人"之"算"，秦汉三国简帛文献中均作"筭"，本书引用简文仍从"筭"。

变，乃至丁中身分的衍生提供了契机。[1]

其中，以《徭律》《傅律》为代表的秦汉律令中出现了一些庶民身分，不少庶民身分与课役密切相关，应即法定的课役身分。而户口简及其集计文书对于探索丁中制的形成尤为重要。户口簿籍的基本功能是为国家控制编户民和征派赋役提供基本依据，[2]相关册籍登录了编户民身分和赋役注记，逐渐明晰的户籍、课役身分与实际赋役征派的关系，为我们探索秦汉孙吴赋役征派的行政运作及其对相关制度变更的影响，进而勾勒"前丁中制"的发展源流提供了条件。或许，

---

[1] 秦汉户籍身分主要是"小""大"。"课役身分"，即为征派编户民赋税和徭役而划分的身分，秦汉时期诸如"敖童"（小）"未傅""新傅""罢癃""筭""正／卒""睆老""免老"。"户籍身分""课役身分"后来日益化合，衍生为"丁中身分"，如"小""丁""老"。

[2] 如《周礼正义》卷六六《秋官司寇·小司寇》云："及大比，登民数，自生齿以上，登于天府。内史、司会、冢宰贰之，以制国用"，第2777页；东汉徐幹《中论·民数》云："治平在庶功兴，庶功兴在事役均，事役均在民数周，民数周为国之本也"，"故民数者，庶事之所自出也，莫不取正焉。以分田里，以令贡赋，以造器用，以制禄食，以起田役，以作军旅"，徐湘霖校注《中论校注》，巴蜀书社，2000年，第296、301页。另参见张荣强《〈前秦建元二十年籍〉与汉唐间籍帐制度的变化》，《汉唐籍帐制度研究》，商务印书馆，2010年，第254—266页。本书中，"户口簿籍"是一个比较宽泛的概念，包括户籍和以户籍为依据制作的各类簿书。

一、引 论

深入了解制度的实际施行情况,以及因实际情况变化而导致的制度更张,对于准确把握制度的变迁具有重要的意义。因此,秦汉三国时期的律令和户口簿籍是探讨秦汉魏晋"丁中制"之衍生的宝贵材料。

过去,学界常利用廪名籍分析秦汉"前丁中制"。[1] 廪名籍主要用于廪食配给,参照人体不同时期的饮食需求,按年龄划分廪食身分"小""未使""使""大"等。与课役年龄分层因政事变迁的影响而有所调整不同,廪食年龄分层基本上保持稳定,一般认为:14岁以下为"小",其中7~14岁为"使",6岁以下为"未

---

[1] 秦汉廪名籍中的年龄分层与课役身分有相近之处,故研究者会利用廪名籍探讨秦汉"前丁中制",但这实属无奈之举,如杨联陞《汉代丁中、廪给、米粟、大小石之制》,《中国语文札记——杨联陞论文集》,中国人民大学出版社,2006年,第1—2页。

使";15岁以上皆可称"大",且可涵盖"老"。[1] 由于廪食身分与征派赋役并无直接联系,[2] 廪名籍很难直接用来探讨秦汉"前丁中制"。

---

[1] 参见杨联陞《汉代丁中、廪给、米粟、大小石之制》,《中国语文札记——杨联陞论文集》,第1—2页;陈槃《汉晋遗简识小七种》,史语所专刊之63,1975年,第27—30页;耿慧玲《由居延汉简看大男大女使男使女未使男未使女小男小女的问题》,《简牍学报》第7期,1980年,第249—274页;永田英正《居延汉简烽燧考》,那向芹译,《简牍研究译丛》第2辑,中国社会科学出版社,1987年,第260页;森鹿三《论居延出土的卒家属廪名籍》,金立新译,《简牍研究译丛》第1辑,中国社会科学出版社,1983年,第100—112页;杜正胜《编户齐民——传统政治社会结构之形成》,第10—15页;徐扬杰《居延汉简廪名籍所记口粮的标准和性质》,《江汉论坛》1993年第2期,第66—71页,彭卫、杨振红《中国风俗通史·秦汉卷》,上海文艺出版社,2002年,第354页;鲁惟一《汉代行政记录》,于振波、车今花译,广西师范大学出版社,2005年,第210—211页;王子今《两汉社会的"小男""小女"》,《清华大学学报》2008年第1期,第39—45页。

[2] 徐畅指出,"秦汉简牍中的'使'与'未使'并不出现在自由民户籍中,而适用于为官府劳作,得到其廪给的特殊人群。"可从。但她同时又认为"'使'字单用时,仍可指自由民的徭役。松柏汉简53号木牍中的'使大男',即指排除免老、罢癃等特殊情况,课役真正去服役的男子。"参见徐畅《再辨秦汉年龄分层中的"使"与"未使"——兼论松柏出土53号木牍"使大男"之含义》,《简帛研究二〇〇九》,广西师范大学出版社,2011年,第97—113页。对于将松柏汉简中的"使大男"理解为固定的身分称谓,认为"使"可以用作庶民户籍身分这一学界通行的观点,我们持保留意见(详后)。

一、引 论

与此相同,学界还常参照徒隶身分分析庶民的课役身分。例如,睡虎地秦简《秦律十八种·仓律》规定:

11.隶臣妾其从事公,隶臣月禾二石,隶妾一石半;其不从事,勿禀。小城旦、隶臣作者,月禾一石半石;未能作者,月禾一石。小妾、舂作者,月禾一石二斗半斗;未能作者,月禾一石。婴儿之毋(无)母者各半石;虽有母而与其母冗居公者,亦禀之,禾月半石。隶臣田者,以二月月禀二石半石,到九月尽而止其半石。春,月一石半石。隶臣、城旦高不盈六尺五寸,隶妾、舂高不盈六尺二寸,皆为小;高五尺二寸,皆作之。仓。

12.小隶臣妾以八月傅为大隶臣妾,以十月益食。仓。

13.隶臣欲以人丁粼者二人赎,许之。其老当免老、小高五尺以下及隶妾欲以丁粼者一人赎,许之。赎者皆以男子,以其赎为隶臣。女子操敃红及服者，不得赎。边县者，复数其县。仓。[1]

秦《仓律》按身高将徒隶身分划分为"小"与"大"。"小"之下再区分"作者""未能作"。"大"有"丁粼（龄）者"之称，还有"免老"之说。从名目上来看，这类徒隶身分与庶民课役身分甚至丁中身分颇为类似。但是，隶臣妾、城旦舂身分特殊，并非普通民众，官府对徒隶的使役也与庶民事役完全不同，两者性质有别，不能直接类比；而且秦《仓律》的这些规定（简11、12）与廪食直接相关，这里的"作者""未能作"实际上同庶民的廪食身分"使""未使"类似，大抵应视作徒隶的廪食身分。这类徒隶身分也不能直接用来分析庶民的课役身分。

近年来，学界利用出土的户口簿籍以及相关律令

---

[1] 睡虎地秦墓竹简整理小组：《睡虎地秦墓竹简》，第32、33、35页。

一、引　论

简探讨秦汉三国年龄分层和课役身分，[1]一般比附西晋丁中身分进行研究。年龄分层虽然是丁中制的重要内容，但年龄分层绝不等同于丁中制，只有以年龄分层为基准的各类户籍、课役身分与赋、役义务完全相结合才会衍生丁中身分，这一过程经历了较长的历史时期。

秦汉三国时期，只存在户籍身分与赋役征派大致对应的关系，课役身分前后发生了很大的变化，并且户籍身分与课役身分之间有不小的差异，当时也没有兼具年龄分层和赋役义务的丁中身分。这就要求我们将户籍、课役身分同赋役制度、爵制等结合起来探讨"前丁中制"的发展形态。要全面而深入地认识丁中制，

---

[1] 代表性的研究成果有：于振波：《"筭"与"事"——走马楼户籍简所反映的算赋和徭役》，《汉学研究》第22卷第2期；《略说走马楼吴简中的"老"》，《史学月刊》2007年第5期，皆收入《走马楼吴简续探》，文津出版社，2007年，第129—151、153—158页；高敏：《吴简中所见"丁中老小"之制》，《长沙走马楼简牍研究》，第103—108页；赵宠亮：《秦汉年龄分层与相关问题考察》，硕士学位论文，北京师范大学历史学院，2008年；臧知非：《秦汉"傅籍"制度与社会结构的变迁——以张家山汉简〈二年律令〉为中心》，《人文杂志》2005年第1期；张荣强：《〈二年律令〉与汉代课役身分》，《中国史研究》2005年第2期，《湖南里耶所出"秦代迁陵县南阳里户版"研究》，《北京师范大学学报》2008年第4期，并收入《汉唐籍章制度研究》，第7—66页。

以及以此为基础进行课役的基本情况,离不开对其源流的探讨。有鉴于此,本书拟对秦汉三国"前丁中制"的演变轨迹作一全面考索:以西晋丁中制作为研究的基本参照,结合秦汉孙吴简牍材料和传世文献的相关记载进行分析,以期梳理出秦汉魏晋"丁中制"衍生的大致过程。

二、战国秦汉赋役征派依据的演变

西晋丁中老小之制主要以年龄作为划分依据。然而,在战国秦汉时期,征派赋役的依据比较复杂,与身高、年龄、爵级和婚姻等都有关涉。

(一)先以身高为主要依据

以身高作为赋役征派的主要依据起源很早。先秦时期,主要按国家体制之下的地域大小、土地等级和家户等来征派赋役,约成书于春秋晚期战国前期的《周礼》云:[1]

---

[1] 关于《周礼》成书年代及其争论,请参见沈长云、李晶《春秋官制与〈周礼〉比较研究——〈周礼〉成书年代再探讨》,《历史研究》2004年第6期。

> 乃均土地以稽其人民而周知其数。上地家七人，可任也者家三人；中地家六人，可任也者二家五人；下地家五人，可任也者家二人。凡起徒役，毋过家一人，以其余为羡，唯田与追胥，竭作。[1]

此记载反映的当是战国以前的征役方式。"徒役"一般为每家 1 人，征"羡"则与所耕之地的等级有关，基本上是 3—4 个"可任者"中出 1 人。此时期，国家尚未全面掌握户口数，在通过土地等级和家户（先秦时期的"家"与秦汉以后的"户"应当具有源流关系，今统称为"家户"）确定征发人数的同时，也需制定服役能力的标准，"可任者"即是对劳动能力的认定，而评判的依据当主要是身高。

随着"人"逐渐成为征派赋役的主要对象，在一段时期内可能延续以身高作为征派赋役的主要依据。[2]

---

[1] （清）孙诒让撰《周礼正义》卷二〇《地官司徒·乡大夫》，第 779—781 页。
[2] 参见林甘泉主编《中国经济通史·秦汉（下）》第十六章《徭役》（马怡撰），经济日报出版社，2007 年，第 501—507 页。

二、战国秦汉赋役征派依据的演变

《周礼·地官司徒·乡大夫》云:

> 以岁时登其夫家之众寡,辨其可任者,国中自七尺以及六十,野自六尺以及六十有五,皆征之。
>
> 贾公彦疏:七尺谓年二十,知者,案《韩诗外传》"二十行役"与此国中七尺同,则知七尺谓年二十……六尺谓年十五,故《论语》云:"可以托六尺之孤。"郑(玄)注云:"六尺之孤,年十五已下。"彼六尺亦谓十五。[1]

先秦某个时期以身高"七尺(国)""六尺(野)"作为基准起役,而老免则以年龄为据。类似的记载还见于《战国策·楚策·楚襄王为太子之时》:

> 子良至齐,齐使人以甲受东地。昭常应齐使曰:"我典主东地,且与死生。悉五尺至

---

[1] (东汉)郑玄注,(唐)贾公彦疏《周礼注疏》卷一二《地官司徒·乡大夫》,中华书局影印(清)阮元校刻《十三经注疏》,1980年,第716页。

六十,三十余万,弊甲钝兵,愿承下尘。"[1]

在非常时期楚国可征发"五尺"童子入伍,[2] 老免亦以年龄为据。以身高为主要依据进行使役,在先秦文献中还有不少记载,例如《吕氏春秋·上农》曰:

> 凡民自七尺以上,属诸三官,农攻粟,工攻器,贾攻货。[3]

睡虎地秦简律令规定的各类行政也都主要使用身高标准。

然而,以身高为主要依据课役有相当的局限性,主要表现在:对身体发育较早、较快者,以及老而不衰者不公平,也很难通过调整身高标准来扩大或缩小

---

[1] (汉)刘向集录,范祥雍笺证,范邦瑾协校《战国策笺证》卷一五《楚策二》,上海古籍出版社,2006年,第834—835页。
[2] 同类说法又见于《说苑·权谋》:"(齐)起兵伐莒,鲁下令丁男悉发,五尺童子皆至。"(汉)刘向撰,向宗鲁校证《说苑校证》卷一三《权谋》,中华书局,1987年,第325页。
[3] 陈奇猷校释《吕氏春秋新校释》卷二六《上农》,上海古籍出版社,2002年,第1720页。

二、战国秦汉赋役征派依据的演变

征发赋役的规模。对此，官府针对未成年人身高可能在关键的节点制定了相应的年龄标准，在课役时亦作为参考（次要依据）；而老免则完全以年龄为据，不过是否免老以及年龄计算需要官方的认定。

秦王政十六年以后，年龄逐渐取代身高成为征派赋役的主要依据。即使如此，由于身高更能直观地体现劳动能力，课役有时仍然延用，而且身高对赋役征派的影响一直存在。例如：

> 14.更戍卒士五城父成里产，长七尺四寸，黑色，年卅一岁，族☒
>
> 卅四年六月甲午朔甲辰，尉探迁陵守丞衔前，令☒（9—757）[1]

简14秦始皇卅四年文书兼记更戍卒产的身高和年龄。这里记录的身高不仅作为身状特征，而且可能作为派役的依据，因为这一时期秦对庶民年龄的掌握

---

[1] 湖南省文物考古研究所编著《里耶秦简》（壹）（贰），文物出版社，2012、2017年。陈伟主编《里耶秦简牍校释》（第1、2卷），武汉大学出版社，2012、2018年，以下仅列出卷次、简号，不另出注。

还不够全面，所以身高与年龄并记。汉代以后，编户民年龄已有普遍登录，但身高有时仍在使用，例如：

> 律：年二十三傅之畴官，各从其父畴内学之。高不满六尺二寸以下为罢癃。[1]

身高是汉代判定"罢癃"的依据之一。晚至走马楼吴简户口简中还有奴婢身高以及子弟身体"细小"等情况的记录：

> 15.孙子男□年六岁　孙户下奴土长六尺（壹·4141）
>
> 16.户下奴有长三尺　限佃客义年廿六（柒·289）
>
> 17.州吏樊嵩（叁·1815）
> 　　嵩男弟晖年十一细小（叁·1790）
>
> 18.军吏刘仪（叁·2947）

---

[1]《史记》卷七《项羽本纪》集解引如淳曰，第324页；张家山汉简《二年律令·傅律》："当傅，高不盈六尺二寸以下，及天乌者，以为罢癃"。张家山二四七号汉墓竹简整理小组编著《张家山汉墓竹简〔二四七号墓〕（释文修订本）》，中华书局，2006年，第58页。

二、战国秦汉赋役征派依据的演变

> 仪兄子男汝年十四细小随仪在官一名
> 海　中（叁·2950）[1]

孙吴时期，户口簿籍中庶民均登录年龄，而奴婢无法确定年龄时，往往登记其身高（简15、16）。军、州吏及其父兄子弟的身分特殊，他们是官府役力的重要来源，并逐渐具有身分性。从隐核州、军吏父兄子弟簿（例如简17、18）来看，除非他们"细小""老钝"及疾病，当他们身体条件许可，就可能要为官府所役使。[2] "细小"是孙吴判定州、军吏子弟不必服役的身状依据。

总之，先秦主要以身高为依据课役，尤其是起役之时。当时可能还依据未成年人关键节点的身高标准，

---

[1] 长沙文物考古研究所/长沙简牍博物馆、中国文物研究所/中国文化遗产研究院、北京大学历史学系、故宫研究馆古文献研究所走马楼简牍整理组编著《长沙走马楼三国吴简·竹简》〔壹〕〔贰〕〔叁〕〔肆〕〔伍〕〔陆〕〔柒〕〔捌〕，文物出版社，2003、2007、2008、2011、2018、2017、2013、2015年。括号中大写数字代表卷数，数字依次代表出版简号、揭剥位置示意图编号、盆号，以下不另出注。

[2] 凌文超：《走马楼吴简隐核州、军吏父兄子弟簿整理与研究——兼论孙吴吏、民分籍及在籍人口》，《中国史研究》2017年第2期，收入其著《吴简与吴制》，北京大学出版社，2019年，第103—137页。

制定了相应的年龄标准，以作为参考依据。即使年龄后来取代身高成为主要的课役依据，身高对赋役征派也时有影响。

（二）后以年龄为主要依据

以身高为依据课役有着难以克服的局限。人的身高一般仅在未成年时才能进行高矮标准数据化处理，丁壮之年身高基本保持稳定，进入老年还略有变矮。战国前后，以身高作为主要的课役依据，一般集中在起役和使役阶段；老免则采用年龄。

据经学家的解释，起役的标准身高 7 尺、6 尺有一个对应的年龄，分别是年 20 岁、年 15 岁。身高 6 尺与年 15 岁对应，在里耶秦简中有可供参考的例证：

19. □广隶小上造臣，黑色，长可六尺，年十五岁，衣襌衣一☒（9-142+9-337）

虽然这里只是身高、年龄状况的具体描述，但是，

二、战国秦汉赋役征派依据的演变

考虑到人在青少年时期身体的生长规律可以按年龄进行标准数据化处理。[1] 简 19"长可(大约)六尺,年十五岁"应当是"六尺亦谓十五"的具体反映。秦代青少年在十五岁时的身高应当普遍能达到六尺以上,身高六尺与年十五岁之间应当存在大致的对应关系。

由于身高难以作为老免的依据,先秦老免可能以年龄为重要依据。不过,庶民老免需要通过官方计算年龄进行确认。如《春秋左传》襄公三十年载:

> 二月癸未,晋悼夫人食舆人之城杞者,绛县人或年长矣,无子,而往与于食。有与疑年,使之年。曰:"臣小人也,不知纪年。臣生之岁正月甲子朔,四百有四十五甲子矣,其季于今,三之一也。"吏走问诸朝。师旷曰:"鲁叔仲惠伯会郤成子于承匡之岁也。是岁也,狄伐鲁,叔孙庄叔于是乎败狄于咸,获长狄侨如及虺也、豹也,而皆以名其子。七十三年矣。"……以为绛县师。

---
[1] 例如蒋一方《上海市区 0-18 岁年龄别身高及体重标准研制》,《上海预防医学杂志》2007 年第 11 期,第 544—547 页。

而废其舆尉。杜预注:"以役孤老故。"[1]

在这个故事中,绛县老人没有提供确切生年,只提供了生年的正月朔日以及所经历干支纪日的甲子数。吏不晓历法不知计算,而师旷以大事纪年的方法确定其生年,进而计算出年龄为七十三岁,超过老免的年龄,其舆尉也因役使孤老而被废。

秦代的情况很可能也是如此。睡虎地秦简《秦律杂抄·傅律》规定:

> 20.百姓不当老,至老时不用请,敢为酢(诈)伪者,赀二甲;典、老弗告,赀各一甲;伍人,户一盾,皆迁之。[2]

秦代百姓老免要经过"请"的行政程序。结合《周礼》《春秋左传》的相关记载来看,由于身状的认定比较主观,年龄相对客观,"请"实际上是官方通过庶民

---

[1] (晋)杜预撰《春秋经传集解》卷一九《襄公六》,《十三经古注》第六册,中华书局,2014年,第1407—1408页。
[2] 睡虎地秦墓竹简整理小组《睡虎地秦墓竹简》,第87页。

二、战国秦汉赋役征派依据的演变

提供的生年计算出年龄,最后确定是否免老。

作为征派赋役的依据,年龄无疑比身高更公平,更具可操作性。第一,无论是生长迅速者,还是迟缓者,年龄标准更为客观,基本不受身高和身状的影响(罢癃除外),因而也更为公平。第二,以身高为据,还需要经过里典、伍老的实际测量;以年龄为据,职吏依据户籍登记的庶民生年,通过简单的计算即可获知年龄,操作更为简易。第三,扩大或缩小征役的规模,通过调节年龄的大小就可以实现。年龄标准的优势决定了它最终取代身高成为赋役征派的主要依据。

课役的主要依据由身高转变为年龄大抵发生在战国中后期。银雀山汉简中约战国时期的《田法》云:

□□□以上、年十三以下,皆食于上。年六十【以上】与年十六以至十四皆为半作。[1]

这类出土于汉墓的先秦文献,是否经过了汉人的改写,难以确认。从前引《周礼·地官司徒·乡大夫》

---

[1]《守法法令等十三篇》,银雀山汉墓竹简整理小组:《银雀山汉墓竹简〔壹〕》,文物出版社,1985年,第145页。

"国中自七尺以及六十,野自六尺以及六十有五",《战国策·楚策》"悉五尺至六十"来看,战国很长时期内起役用身高、老免用年龄标准。如果上引银雀山汉简《田法》的记载真实地反映了战国齐地的政策,这条材料就是年龄标准初步取代身高标准的反映。

参照前引睡虎地秦简《秦律十八种·仓律》简11,银雀山汉简《田法》所谓"皆食于上""半作",也应为廪食一类的规定。只不过,《仓律》各类廪食身分均以身高为据,《田法》皆以年龄为限。从睡虎地秦简《仓律》到银雀山汉简《田法》,亦曲折地反映了年龄取代身高的史实。

秦王政顺应这一趋势,于十六年"初令男子书年"。此后,征发赋役的主要依据逐渐转换为年龄。只是,官方全面掌握编户民的年龄数据并非一蹴而就,而是经历了较长的历史时期。例如,里耶秦简记录:

21. 廿六年五月辛巳朔庚子,启陵乡庫敢言之。都乡守嘉言:渚里不□劾等十七户徙都乡,皆不移年籍∟。令曰:移言。●今问之劾等徙□书,告都乡曰:启陵乡未有秩,毋以智(知)劾等初产

二、战国秦汉赋役征派依据的演变

至今年数,☐皆自占,谒令都乡自问劾等年数,敢言之。☐(16—9正)[1]

秦始皇二十六年,启陵乡渚里十七户迁徙至都乡,却未移交"年籍"。此"年籍"即十七户庶民的年龄数据。从"启陵乡未有枼,[2]毋以智(知)劾等初产至今年数"来看,该"枼"记录的内容至少包括庶民的"初产(年)","初产至今年数"则是根据生年推算年龄。都乡在缺少"年籍"的情况下,获取庶民生年的途径是"皆自占",即都乡讯问年数(年龄),庶民申报登记生年,官方再根据生年计算年龄。

张家山汉简《二年律令·户律》中也涉及"年籍""年紬籍":

> 22.恒以八月令乡部啬夫、吏、令史相杂案户、

---

[1] 湖南省文物考古研究所、湘西土家族苗族自治州文物处、龙山县文物管理所:《湖南龙山里耶战国——秦代古城一号井发掘简报》,《文物》2003年第1期,第34页。释文修订参见里耶秦简博物馆等编著《里耶秦简博物馆藏秦简》,中西书局,2016年,第70、208页。

[2] "启陵乡未有枼"之"枼",整理者括注"牒",而何有祖理解为《叶(世)书》,并认为其性质与《编年记》相近。何有祖《里耶16—9号简"枼"与秦汉简中的〈叶〉〈叶书〉》,简帛网,2018年8月16日。

户籍副臧(藏)其廷。[1]有移徙者,辄移户及年籍、爵紬徙所,[2]并封。留弗移,移不并封,及实不徙数盈十日,皆罚金四两;数在所正、典弗告,与同罪。乡部啬夫、吏主及案户者弗得,罚金各一两。

23.民宅图、[3]户籍、年紬籍、田比地籍、田合籍、[4]田租籍,谨副上县廷,皆以筴若匣匮盛,缄闭,以令若丞、官啬夫印封,独别为府,封府户。[5]

汉初"年(紬)籍"仍然单独制作。迄今所能见到

---

[1] "户、户",原释作"户",据邬文玲意见改。参见邬文玲《张家山汉简〈二年律令〉释文补遗》,《简帛研究二○○四》,广西师范大学出版社,2006年,第166页。

[2] 释文"爵紬"及下引"年紬籍"之"紬",原释作"细",据陈剑意见改。"紬"所表示的是一个跟"籍"意义相类的词。参见陈剑《读秦汉简札记三篇》,《出土文献与古文字研究》第4辑,上海古籍出版社,2011年,第358—366页。

[3] "图",原释作"园",据彭浩、陈剑意见改。参见彭浩《数学与汉代的国土管理》,[韩]中国中世史学会编《中国古中世史研究》第21卷,2009年,第156—161页;陈剑《读秦汉简札记三篇》,复旦大学出土文献与古文字研究中心官网,2011年6月4日。

[4] "合",原始作"命",据何有祖意见改。参见何有祖《读〈二年律令〉札记》,丁四新主编《楚地简帛思想研究》,湖北教育出版社,2005年,第398页。

[5] 张家山二四七号汉墓竹简整理小组编著《张家山汉墓竹简〔二四七号墓〕(释文修订本)》,第54页。

二、战国秦汉赋役征派依据的演变

的东汉以后的户籍,均登记了户口人名年纪等信息,而未见单独的"年(䌉)籍"。秦末汉初"年(䌉)籍"的独立存在表明,这类簿书一开始应是伴随秦王政十六年"初令男子书年"政令而特别要求制作的。在这一政令推行十年后,里耶启陵乡仍未有"年籍"(简21),可见官方全面掌握编户民年龄数据经历了较长的时期。里耶秦简中有不少简例身高与年龄并记(简14、19),又如:

> 24.廿五年九月己丑,将奔命校长周爰书:敦长买☐缭可年可廿五岁,长可六尺八寸,赤色,多髭,未产须☐(8-537)
>
> 25.赠,皙色,长二尺五寸,年五月,典私占;浮,皙色,长六尺六寸,年卅岁,典私占(8-550)

这些可能都是官府因尚未全面掌握年龄数据,而沿用身高的情况,属于年龄取代身高的过渡形态,尤其是简25记载的情况。当政府全面掌握编户民年龄数据,且以年龄为主要依据行政,"年(䌉)籍"可能不复存在,或者说与户籍(通常所理解的)合并,户籍于是成为查核年龄的基本依据。从此之后，年龄完全取代身高成为征派赋役的主要依据并保持长久不变。

（三）爵制、婚姻等的影响

秦汉之际赋役征派还受到爵制、婚姻等的影响。自先秦以来，爵制等因素就对课役身分、赋役征派有影响。《周礼·地官司徒》云：

> 小司徒之职，掌建邦之教法，以稽国中及四郊都鄙之夫家九比之数，以辨其贵贱、老幼、废疾，凡征役之施舍，与其祭祀、饮食、丧纪之禁令。乃颁比法于六乡之大夫，使各登其乡之众寡、六畜、车辇，辨其物，以岁时入其数，以施政教，行征令。
>
> 乡师之职，各掌其所治乡之教，而听其治。以国比之法，以时稽其夫家众寡，辨其老幼、贵贱、废疾、马牛之物，辨其可任者与其施舍者，掌其戒令纠禁，听其狱讼。

二、战国秦汉赋役征派依据的演变

> 族师各掌其族之戒令政事。月吉,则属民而读邦法,书其孝弟睦姻有学者。春秋祭酺,亦如之。以邦比之法,帅四闾之吏,以时属民而校,登其族之夫家众寡,辨其贵贱、老幼、废疾可任者,及其六畜车辇。[1]

先秦小司徒、乡师、族师不仅负责登记、查核夫家之众寡,通过户口查点以便征役,而且要"辨其贵贱、老幼、废疾",免其征役。《周礼·地官司徒·乡大夫》对此有详细的记载:

> 乡大夫之职,各掌其乡之政教禁令。正月之吉,受教法于司徒,退而颁之于其乡吏,使各以教其所治,以考其德行,察其道艺。以岁时登其夫家之众寡,辨其可任者。国中自七尺以及六十,野自六尺以及六十有五,皆征之。其舍者,国中贵者、贤者、能者、服公事者、老者、疾者皆舍。

---

[1] (清)孙诒让撰《周礼正义》卷二〇《地官司徒·小司徒》,第772—774页;卷二一《地官司徒·乡师》,第819页;卷二二《地官司徒·乡师》,第877—881页。

以岁时入其书。[1]

免予征役的包括：贵者、贤者、能者、服公事者、老者、疾者。其中，贵者为当时的贵族阶层，高爵者。

高爵者免役，中国古代历来如此。然而，秦汉时期的情况有所不同，即普通庶民亦根据爵级的高低，在徭役方面享有不同的待遇。秦汉爵制以授赐爵位赋予编户民社会身分，并进而形成国家秩序。[2] 汉初爵制身分与徭役征发密切相关，张家山汉简《二年律令·傅律》规定：

> 26.不更以下子年廿岁，大夫以上至五大夫子及小爵不更以下至上造年廿二岁，卿以上子及小爵大夫以上年廿四岁，皆傅之。
>
> 27.不更年五十八，簪褭五十九，上造六十，公士六十一，公卒、士五六十二，皆为睆老。

---

[1]（清）孙诒让撰《周礼正义》卷二一《地官司徒·乡大夫》，第839—840页。

[2] 参见西嶋定生《中国古代帝国的形成与结构——二十等爵制研究》，武尚清译，中华书局，2004年。

二、战国秦汉赋役征派依据的演变

28. 大夫以上年五十八,不更六十二,簪袅六十三,上造六十四,公士六十五,公卒以下六十六,皆为免老。

29. 大夫以上年七十,不更七十一,簪袅七十二,上造七十三,公士七十四,公卒、士五七十五,皆受仗(杖)。

30. 大夫以上【年】九十,不更九十一,簪袅九十二,上造九十三,公士九十四,公卒、士五九十五以上者,禀鬻米月一石。[1]

傅籍、睆老、免老、授杖、禀鬻米的年龄大小与爵等直接有关。

不过,随着赐爵的轻滥,二十等爵制机能的松弛,国家逐步整合了傅籍、睆老、免老等的年龄。汉景帝二年(前155)将始傅年龄整合为20岁,[2] 汉昭帝时期

---

[1] 张家山二四七号汉墓竹简整理小组编著《张家山汉墓竹简〔二四七号墓〕(释文修订本)》,第57、58页。
[2] 《史记》卷一一《孝景本纪》,第439页。

又调整为23岁，[1]而睆老年龄则整合为56岁，免老年龄整合为60岁（详后）。爵制对编户民派役的影响，在汉代呈递减的趋势。至东汉大规模普赐民爵，民爵日益轻滥，民爵的价值日益降低，对派役的影响几乎可以忽略不计。在走马楼三国吴简中，吏民普遍拥有民爵的最高爵级公乘，且公乘成为唯一使用的民爵，民爵不再影响编户民派役的轻重。

在张家山汉简出土之前，史籍主要记载和注解傅籍、睆老、免老的含义及其与年龄的关系，并未揭示它们与爵等存在关联。张家山汉简《二年律令·傅律》则昭示着傅籍、睆老、免老体系与爵制密切相关，它们或有可能是伴随军功爵制而产生的，为了奖励军功而根据爵等设置不同的傅籍、睆老、免老年龄。荀悦云"傅，正卒也"，[2]如淳引《汉仪注》"民年二十三为

---

[1] 王利器校注《盐铁论校注》卷3《未通》载："今陛下哀怜百姓，宽力役之政，二十三始傅，五十六而免，所以辅耆壮而息老艾也"。（中华书局，1992年，第192页）《史记》卷七《项羽本纪》注引如淳曰：律：年二十三傅之畴官，各从其父畴内学之。高不满六尺二寸以下为罢癃。第324页。

[2]《史记》卷一一《孝景本纪》，第440页。

正",[1]注籍为正卒,开始服兵役当是傅籍的本意。

不过,随着汉帝国的建立,赐爵制的推行,二十等爵制的军事色彩日益淡化,民事管理的职能日益浓厚,傅籍、睆老、免老逐渐与一般赋役征派联系在一起,以致颜师古会认为:"傅,著也。言著名籍,给公家徭役也。"[2]随着二十等爵制的废弛,爵等对赋役征派的影响日渐式微,傅籍、睆老、免老这类可能原本与军功爵制同生,与二十等爵制共长的制度,逐渐不再受爵制的影响,完全融入赋役制度之中,衍生为"新傅""睆老""免老"等课役身分,并向丁中身分演进。

影响身分的社会因素还有一些,其中最为常见的是婚姻。例如,睡虎地秦简《法律答问》云:

> 31.女子甲为人妻,去亡,得及自出,小未盈六尺,当论不当?已官,当论;未官,不当论。[3]

女子为人妻,即使"小未盈六尺",如果"已官",

---

[1]《史记》卷七《项羽本纪》,第324页。
[2]《汉书》卷一《高帝纪》,第38页。
[3] 睡虎地秦墓竹简整理小组:《睡虎地秦墓竹简》,第132页。

即在官方登记婚姻，其婚嫁为人妻的身分得到官方的认可，就也要负刑事责任。"小""大"法律身分受到婚姻的影响，婚后即为"大"。

在里耶秦代迁陵县南阳里户版中，在室女子皆称"小女（子）"，已婚妇女就不再称"小"了，或称"大女（子）"，[1] 如：

> 32. 南阳户人荆不更繺喜，子不更衍，妻大女子媐，隶大女子华，子小上造章，子小上造□，子小女子赵，子小女子见（K4）

里耶古城一号井出土的秦代户口简同样如此，如：

> 33. 东成户人士五夫□，妻大女子沙□，子小女子泽若□，子小女子伤□，子小男子嘉□，夫下妻曰泥□（9-2037+9-2059）

由于秦汉时期提倡早婚，汉惠帝甚至规定"女子

---

[1] 秦代里耶户版参见湖南省考古研究所编著《里耶发掘报告》，岳麓书社，2007年，第203—210页。

二、战国秦汉赋役征派依据的演变

年十五以上至三十岁不嫁,五算",[1] 这一时期女子年15以下出嫁比较多见。[2] 而在秦汉户籍类材料中,女子婚后称"妻大女",迄今未见一例"妻小女"的记录,这使我们有理由认为,婚姻在秦汉时期就已影响小、大女的划分。[3]

在西北汉简中也有一些男女年十五岁以下称"大"的例证,也应当与婚姻有关,例如:

> 34. 橐他勇士隧长井临建平元年家属符:·兄妻屋兰宜众里井君任年廿一,子小男习年七岁,兄妻君之年廿三,子大男义年十,子小男满冯一岁,车一两用□☑(73EJT6:42)

---

[1] 《汉书》卷二《惠帝纪》,第91页。
[2] 彭卫认为:"十三四岁至十六七岁,遂成为汉代女子初婚年龄之常态。"《汉代婚姻形态》,中国人民大学出版社,2010年,第69—71页。
[3] 山田胜芳认为:"(汉代)女孩如果出嫁的话,即使年龄还小,也要被视为'大'。"山田胜芳:《鸠杖与徭役制度》,庄小霞译,《简帛研究二〇〇四》,广西师范大学出版社,2006年,第201页。

35. 氏池千秋里大女乐止年十一（73EJT37:102）[1]

简34"子大男义年十"，年方10岁却称"大男"，应是已婚的缘故。这户家庭成员多早婚，例如兄妻君任年21岁，子习年7岁，君任至迟在13或14岁结婚；而君之年23岁，子义年10岁，君之至迟在年12或13岁结婚。简35乐止年11岁称"大女"，同样应是已婚的缘故。[2]

走马楼吴简中，这类现象更常见。吴简户口简中多见年15岁以下已婚女子称"大女"的状况，例如：

36. ☒□妻大女姑年廾[3]四（壹·5495）

---

[1] 本书所引肩水金关汉简材料皆出自甘肃简牍保护研究中心、甘肃省文物考古研究所、甘肃省博物馆、中国文化遗产研究院古文献研究室、中国社会科学院简帛研究中心编《肩水金关汉简》(壹)(贰)(叁)(肆)(伍)，中西书局，2011、2012、2013、2015、2016年，不另出注。

[2] 这类男女年十五岁以下称"大"之身分，其属性偏重于社会身分，与年十五岁以上的大男、大女有相同的赋役义务和法律责任。廪食身分，因饮食量与身状有关，其属性偏重于自然身分。即使婚后，也不会改变其廪食身分。例如，居延新简65.495 "☒妻使女贵年十三〇☒"。甘肃省文物考古研究所、甘肃省博物馆、中国文物研究所、中国社会科学院历史研究所编《居延新简》，中华书局，1994年。

[3] "廾"，核对图版，疑作"廿"。

二、战国秦汉赋役征派依据的演变

37.·□姪子公乘□年十三　级(?)妻大女使年十三（贰·1749）

38.坑妻大女欢年十四（贰·1943）

39.象小妻大女汝年十[1]　象父公乘专年七十六（贰·2117）

40.子男节年十七筭一　节妻大女公年十四（贰·2904）

41.康妻大女金年廿六肿足　康小妻大女端年十三（贰·3115）

42.斗小妻大女物年十四　☐（贰·4424）

43.连妻大女妾年十四　☐（叁·3153）

44.□妻大女妾年十四　（叁·3382）

45.妻大女起年十四　（叁·5690）

46.以妻大女息年十四　（叁·5736）

47.妻大女贵年十四（肆·41）

48.☐南妻大女思年十三　南女弟新（？）年八岁（肆·2847）

49.西妻大女㱔年十三（柒·938）

---

[1] "十"，核对图版，笔迹残缺，疑作"廿"。

年15岁以上未出嫁女子则多称"小女"。[1] 孙吴时期婚姻仍然是区分女子"小""大"身分的重要依据。至南北朝隋唐,婚姻仍旧影响着女性丁中身分的确定。例如,东晋南朝"女以嫁者为丁,若在室者,年二十乃为丁"。[2] 又如,敦煌文书唐纸本户籍中,达到丁龄的在室女一般仍称为"中女",而不称"丁女"。[3]

然而,吴简中这些年15岁以下的已婚"大"女子基本不用纳算,年过15岁的未婚"小"女子则需要纳算。由婚姻影响女子的"小""大"身分可能并不影响算人收钱。自汉代以来,妇女以家内劳作(如纺织)的方式,间接地承担着官方的徭赋。在家从父、出嫁从夫的习俗,使女性与父亲、丈夫的赋役负担联系在一起,并不直接参与徭役。因此,女性"小""大"身

---

[1] 徐畅认为,孙吴官方在户籍登记时,形成了"子(弟)小女""妻大女"的书写定式。参见徐畅《走马楼简中的成年待嫁女与未成年已嫁女》,《简帛研究二〇〇七》,广西师范大学出版社,2010年,第262—276页。不过,也有二三反例:如寡弟大女初年廿筭一腹心病(叁·5757),昭姊大女紫年十三 客男弟米年廿二(陆·1085),崇男弟徐年五岁 圆姪子大女□年卅一(柒·2511)。

[2]《隋书》卷二四《食货志》,中华书局,1973年,第674页。

[3] 参见徐畅《走马楼吴简中的成年待嫁女和未成年已嫁女》,第269—279页;张荣强《唐代吐鲁番籍的"丁女"与敦煌籍的成年"中女"》,《历史研究》2011年第1期,第25—30页。

二、战国秦汉赋役征派依据的演变

分的变动，对于官府征派赋役几乎没有多少直接的影响。这是我们在分析户籍身分"小""大"与赋役征派的关系时，需要切实注意的地方。

依原释文，吴简户口简中还有男子不足15岁称"大"的简例，如：

50. ☑大男屈年十三（贰·2994）
51. ······大男成年十四细小随嵩[1]移居湘西县为口（贰·6708）
52. 进（？）大男弟生年十一苦癫狂病（贰·4427）

不过，"大"字的释文可能存在问题。核对"大男"二字图版字形，简50残存简牍下栏，"大男"之"大"笔迹残缺，难以确认；简51笔迹漫漶，原释文"大"之上，有笔画"一"依稀可辨，而笔画"丶"似为干扰痕迹，该字疑作"子"，吴简户籍简中"子男"一词十分常见，如简贰·2904、2906、2908；简52"大"字衍释，应删。另外，还有两例幼儿称"大男"的简例：

---

[1] "嵩"，原释作"囗属"，今据图版改。

53. 大男双年一岁（捌·1035）

54. 大男弟干年六岁（捌·1454）

应为笔误。除此之外，未见年15岁以下男子称"大男"的确切简例。但是，有男子年15岁以下结婚或成为"户人"的情形，如：

55. 政女聋邓高年十四（捌·2030）

56. 春平里户人公乘□厚年十二聋耳（柒·1724）

57. 常迁里户人公乘朱张年十二筭一（柒·5439）

58. 吉阳里户人公乘李襄年十四秃头剥旨（捌·2281）

这些简例虽然未标注"大男"，但他们显然具有"大"的身分，且承担一定的赋役义务，如简57注明了"筭一"。

总的来说，秦汉三国赋役征派的依据一开始当是

二、战国秦汉赋役征派依据的演变

个复合型体系,以年龄、身高、健康状况为代表的自然身分体系,以爵制(傅籍、免老等一开始与爵制联系紧密)、婚姻等为代表的社会身分体系。由于征发赋役的依据年龄比身高更公平、更容易调整,随着二十等爵制的衰亡,爵制对赋役征派的影响逐渐淡化,而因婚姻转换的"小""大"身分对女子赋役征派的直接影响很小,年龄于是逐渐成为赋役征派的主要依据和衡量基准。

三、简牍时代的户口簿籍与户籍身分、赋役注记

秦汉三国时期,征派编户民赋役在户口簿籍中主要表现为户籍身分与赋役注记(课役身分)的结合。户籍身分"小""大"一开始应为自然身分,仅反映劳动能力,即使后来受到爵制、婚姻的影响演变为社会身分[1],也不表示具体的赋役征派。因此,户口簿籍中往往需要添加赋役注记或课役身分,以此来征课赋役。与此不同,西晋以后的丁中身分本身就意味着赋役义

---

[1] 请参见凌文超《秦汉时期两类"小""大"身分说》,《古代文明与学术研讨会论文集》,浙江杭州,2019年9月21—22日。

三、简牍时代的户口簿籍与户籍身分、赋役注记

务,据此差科就基本可行。[1]这是秦汉三国简牍户口簿籍与后来纸本户籍、差科簿所记庶民身分最明显的差异之一。

研究秦汉三国"前丁中制",最为重要的史料是著录户籍身分、赋役注记、课役身分的户口簿籍和律令文书,尤其是与赋役征派直接相关的户口簿籍,其登录的各种身分,与纸本户籍中的丁中身分有直接的源流关系。然而,简牍时代的户籍至今仍未有定论,有待进一步辨析。本节尝试对迄今所见的秦汉三国户籍及其集计簿书进行系统梳理,以期呈现这些户口簿籍中所见的户籍身分、赋役注记和课役身分的基本情况。

(一)简牍时代的户籍及其争论

简牍书写时代的户籍及户籍制度,由于传世文献缺乏具体的记载,很长一段时期以来学界知之不详。

---

[1] 关于唐代的差科簿的内容及制作,请参见王永兴《敦煌唐代差科簿考释》,《历史研究》1957年第12期,第71—100页;文欣《唐代差科簿制作过程——从阿斯塔那61号墓所出役制文书谈起》,《历史研究》2007年第2期,第43—59页。

20世纪，随着简牍文献的不断出土和公布，特别是居延汉简名籍和睡虎地秦简中与户口相关的法律文书，为学界探讨秦汉户籍制度打开了一扇窗户。不少学者利用这些新材料结合传世文献的记载展开了二重证据研究。例如：陈槃、平中苓次、永田英正等围绕居延汉简中的礼忠简、徐宗简的性质展开了大量的讨论，推动了汉代户籍与名籍的研究。[1] 池田温、高敏、杜正胜、孙筱等利用睡虎地秦简《封诊式·封守》等材料，在探讨秦代户籍制度的基础上，对秦汉户籍的具体内容进行了分析。[2] 这些筚路蓝缕的研究为秦汉户籍制度的探讨构建了分析框架。然而，居延汉简名籍、睡虎地秦简与户口相关的法律文书等毕竟只是间接材料，用来论证秦汉户籍时不免带有推测成分，不少论

---

[1] 陈槃：《由汉简中之军吏名籍说起》，《大陆杂志》第2卷第8期，1951年。平中苓次：《居延汉简と汉代の财产税》，《立命馆大学人文科学研究所纪要》1953年第1期；永田英正：《礼忠简と徐宗简について—平中氏の算赋申告书说の再检讨》，《东洋史研究》第28卷第2、3号，1969年。

[2] 池田温：《中国古代籍帐研究》第一章《古代籍帐制度的形成》（东京大学出版会，1979年），中华书局，2007年，第22—41页；高敏：《秦汉的户籍制度》，《求索》1987年第1期；杜正胜：《编户齐民——传统政治社会结构之形成》，联经出版事业公司，1990年；孙筱：《秦汉户籍制度考述》，《中国史研究》1992年第4期。

三、简牍时代的户口簿籍与户籍身分、赋役注记

点仍有待证实。

2000年以来,陆续公布了多批直接与户籍及户口集计相关的简牍文献,[1] 分别是:张家山汉简《二年律令·户律》,里耶秦代户版和户籍简、长沙东牌楼东汉户籍简、长沙尚德街东汉户籍简、渠县城坝遗址东汉户籍简、走马楼三国吴户口簿籍等,以及里耶秦代户口集计简、虎溪山西汉简计簿、松柏西汉简"户口簿"、天长西汉简"户口簿"、尹湾西汉简"集簿"、朝鲜平壤贞柏洞西汉简户口"集簿"、青岛土山屯西汉简"要具簿"、郴州西晋简"计阶簿"等,其他与户口相关的名籍材料则更多了。从战国秦至西晋的户口簿籍在这些简牍文献中都有反映,这有助于全面而细致地探讨简牍时代户籍的基本面貌。

学界利用这些新材料围绕秦汉魏晋时期的户籍制度展开了大量的研究,归纳起来,可以分为三个方面:第一,利用张家山汉简《二年律令·户律》等法律文书研究户籍制度。例如,李均明利用《户律》《亡律》

---

[1] 相关资料的系统梳理和考订,可参见胡平生《新出汉简户口簿籍研究》,《出土文献研究》第10辑,中华书局,2011年,收入其著《胡平生简牍文物论稿》,中西书局,2012年,第314—348页;袁延胜《秦汉简牍户籍资料研究》,人民出版社,2017年。

等律令，对汉代常住人口的登记、对逃亡者的惩罚两个方面的法律规范进行了讨论。[1]邢义田利用《户律》具体分析了汉代"八月案比"和造籍制度。[2]张金光利用睡虎地秦简和张家山汉简律令文书研究秦代户籍制度。[3]这类研究为秦汉户籍和人口管理的探讨提供了制度依据。

第二，从户籍判定、简册整理研究户籍制度。秦汉三国吴简中有不少记录户口人名的户口简及其统计简，且文书中有"户籍"名称。然而，由于簿籍没有明确的"户籍"题名，学界对简牍户籍的判定存在不小的争议。有的学者将大多数的户口简视作"户籍简"，有的则谨慎地将之视为广义上的"名籍""户口簿籍""吏民簿"等。[4]罗新认为应对户籍和名籍严格

---

[1] 李均明：《张家山汉简所见规范人口管理的法律》，《政法论坛（中国政法大学学报）》2002年第5期。

[2] 邢义田：《张家山汉晋〈二年律令〉读记》，《燕京学报》新第15期，2003年。

[3] 张金光：《秦制研究》第十二章，上海古籍出版社，2004年。

[4] "户口簿籍"的提法，参见王素、宋少华、罗新《长沙走马楼简牍整理的新收获》，《文物》1999年第5期；"吏民簿"的提法，参见汪小烜《走马楼吴简户籍初论》，《吴简研究》第1辑，崇文书局，2004年。

三、简牍时代的户口簿籍与户籍身分、赋役注记

区别,指出功能的不同是深入观察户籍名簿的依据。[1]

有鉴于此,学界为区分户籍与名籍,进而研究户籍制度,主要从三个途径开展研究。一是联系秦汉名籍、律令和敦煌吐鲁番文书户籍,判定简牍户籍的内容和形制。例如,张荣强指出,汉代户籍是家口籍与财产簿的结合,孙吴户籍的重要构成是人口与课役集计;孙吴两类户籍中,"凡口若干"属于宅园户籍,而"右某家口食"是年细籍;同时,他对汉唐籍帐制度的发展变化进行了讨论。[2]

二是以敦煌吐鲁番文书中的户籍为标准,反推秦汉三国的户籍。例如,荣新江就《建元二十年籍》对照秦汉魏晋时期的简牍文书,探讨前秦户籍的渊源问题。[3]

三是从简牍户口簿籍中总结户籍的基本体例。例

---

[1] 罗新:《走马楼吴简整理工作的新进展》,《北大史学》7,北京大学出版社,2000年。

[2] 张荣强:《孙吴简中的户籍文书》,《历史研究》2006年第4期,《〈前秦建元二十年籍〉与汉唐间籍帐制度的变化》,《历史研究》2009年第3期,并收入《汉唐籍帐制度研究》,第89—122、222—266页。

[3] 荣新江:《吐鲁番新出前秦建元二十年籍的渊源》,土肥义和编《敦煌·吐鲁番出土汉文文书的新研究》,东京:东洋文库,2009年。

如，胡平生对简牍户口簿籍进行归纳总结，认定里耶秦简中内容最基本最简单的户版是真正意义上的户籍，并对户口簿籍的编制程序进行了探讨。[1]杨际平组合家庭简，考察其格式，认为吴简户口籍书中记录有"訾"和"筭、事"的两类户籍（广义）是在第一类仅登录"口食"户籍（狭义）的基础上编制的。他还对秦汉户籍制度的源头、户籍管理制度等进行了讨论。[2]凌文超在整理吴简"隐核新占民簿"的基础上，根据新上户籍的原始档案推定户籍的基本体例。[3]关于简牍时代户籍的判定问题，学界尚未达成共识，相关争论仍将持续下去。

在整理户籍类简牍的基础上对户籍制度开展研究日益受到重视。简牍户口簿籍及相关名籍的整理大致

---

[1] 胡平生：《从走马楼简"刑（创）"字的释读谈到户籍的认定》，《中国历史文物》2002年第2期，《新出汉简户口簿籍研究》，《出土文献研究》第10辑，中华书局，2011年，并收入其著《胡平生简牍文物论稿》，中西书局，2012年，第408—411、314—348页。

[2] 杨际平：《秦汉户籍管理制度研究》，《中华文史论丛》2007年第1期，收入其著《杨际平中国社会经济史论集》第1卷《先秦秦汉魏晋南北朝卷》，厦门大学出版社，2016年，第119—148页。

[3] 凌文超：《走马楼吴简隐核新占民簿整理与研究——兼论孙吴户籍的基本体例》，《田余庆先生九十华诞庆寿论文集》，中华书局，2014年，收入其著《吴简与吴制》，第71—95页。

三、简牍时代的户口簿籍与户籍身分、赋役注记

可分为两类：一类是集成整理。不少学者根据简文格式、身分、出土状况等对各类户口簿籍及名籍进行了集成整理与研究。[1]

---

[1] 代表性论著例如：李天虹：《居延汉简簿籍分类研究》第一章，科学出版社，2003年；李均明：《秦汉简牍文书分类辑解·簿籍类》，文物出版社，2009年；汪小烜：《走马楼吴简户籍初论》，《吴简研究》第1辑，崇文书局，2004年；宋少华：《长沙三国吴简保护整理与研究的新进展》，长沙市文物考古研究所编《长沙三国吴简暨百年来简帛发现与研究国际学术研讨会论文集》，中华书局，2005年；张春龙：《里耶秦简所见的户籍和人口管理》，《里耶古城·秦简与秦文化研究——中国里耶古城·秦简与秦文化国际学术研讨会论文集》，科学出版社，2009年；张荣强：《湖南里耶所出"秦代迁陵县南阳里户版"研究》，《汉唐籍章制度研究》，第7—36页；于振波：《略说走马楼吴简之名籍》，《简帛研究二〇〇八》，广西师范大学出版社，2010年；沈刚：《吴简户籍文书的编制方式与格式复原新解》，《人文杂志》2010年第2期，收入其著《长沙走马楼三国竹简研究》，社会科学文献出版社，2013年，第3—18页。安部聪一郎：《长沙吴简にみえる名籍の初步的检讨》，《长沙吴简研究报告》第2集，2004年；安部聪一郎：《试论走马楼吴简所见名籍之体式》，《吴简研究》第2辑，崇文书局，2006年，日文稿《走马楼吴简にみえる名籍の样式についての一试论》，收入《长沙走马楼出土吴简に关する比较史料学の研究とそのデータベース化》（平成16年度~平成18年度科学研究费补助金〈基盘研究B〉研究成果报告书），2007年3月；关尾史郎：《史料群としての长沙吴简·试论》，《木简研究》第27号，2005年；关尾史郎：《长沙吴简中の名籍について—史料群としての长沙吴简·试论(2)—》，《唐代史研究》第9号，2006年；石原辽平：《长沙吴简名籍考——书式と出土状况を中心に》，《中国出土资料研究》14，2010年。

另一类是复原整理。中日吴简研究学者利用揭剥位置示意图、盆号等考古学整理信息复原整理吴简户口簿籍,并对其内容构成展开了细致分析。[1]户口簿籍的集成、复原整理为深化户籍制度的研究提供了前提条件。

第三,户籍内容及相关制度研究,历来是秦汉魏

---

[1] 侯旭东:《长沙走马楼吴简〈竹简〉〔贰〕"吏民人名年纪口食簿"复原的初步研究》,《中华文史论丛》2009年第1期;《长沙走马楼吴简"嘉禾六年(广成乡)弦里吏民人名年纪口食簿"集成研究——三世纪江南乡里社会管理一瞥》,《古代庶民社会——第四届国际汉学会议论文集》,中研院,2013年;皆收入其著《近观中古史——侯旭东自选集》,中西书局,2015年,第81—142页。凌文超:《走马楼吴简采集"户籍簿"复原整理与研究——兼论户籍簿的类型与功能》,《吴简研究》第3辑,中华书局,2011年;《孙吴户籍之确认——以嘉禾四年南乡户籍为中心》,《简帛研究二〇一四》,广西师范大学出版社,2014年。并收入其著《走马楼吴简采集簿书整理与研究》,广西师范大学出版社,2015年,第12—153页。凌文超:《走马楼吴简隐核新占民簿整理与研究——兼论孙吴户籍的基本体例》,《田余庆先生九十华诞庆寿论文集》,中华书局,2014年,收入其著《吴简与吴制》第71—101页。关尾史郎:《簿籍の作成と管理からみた临湘侯国—名籍を中心として—》,《湖南出土简牍とその社会》,汲古书院,2015年。鹫尾祐子:《长沙走马楼吴简连记式名籍简的探讨——关于家族的记录》,《吴简研究》第3辑,中华书局,2011年,日文稿《长沙走马楼吴简连记式名籍简の检讨—家族の记录について—》,《中国古代史论丛》第7集,2010年;鹫尾祐子:《资料集:三世纪の长沙における吏民の世带—走马楼吴简吏民簿の户の复原—》,东京外国语大学アジア・アフリカ言语文化研究所,2017年。连先用:《走马楼吴简所见吏民簿的复原、整理与研究——以发掘简为中心》,吉林大学博士学位论文,2018年。

三、简牍时代的户口簿籍与户籍身分、赋役注记

晋户籍研究的重要组成部分。例如,里耶秦代户版的内容、性质及相关问题讨论相当热烈。[1] 刘敏研究秦汉户籍中"宗室属籍",[2] 袁延胜考察东汉不同阶层人物的户籍,[3] 韩树峰讨论户籍著录内容、户主资格、户籍典藏机构、户籍名籍题名、黄簿与黄籍时均提出了不少新见。[4] 近年来,利用户口簿籍研究秦汉魏晋时期的赋役制度、吏户、社会身分、丁中制、户品与户调制等逐渐成为研究热点。

关于简牍户籍与户籍制度的研究,学界积累了丰

---

[1] 张荣强:《湖南里耶所出"秦代迁陵县南阳里户版"研究》,《汉唐籍帐制度研究》,第7—36页;刘敏:《关于里耶秦"户籍"档案简的几点臆测》,《历史档案》2008年第4期,收入其著《秦汉编户民问题研究——以与吏民、爵制、皇权关系为重点》,中华书局,2014年,第50—60页;黎明钊《里耶秦简:户籍档案的探讨》,《中国史研究》2009年第2期;陈絜:《里耶"户籍简"与战国末期的基层社会》,《历史研究》2009年第5期;刘瑞:《里耶古城北城壕出土户籍简牍的时代与性质》,《考古》2012年第9期。

[2] 刘敏:《秦汉户籍中的"宗室属籍"》,《河北学刊》2007年第6期。

[3] 袁延胜:《论东汉的户籍问题》,《中国史研究》2005年第1期。

[4] 韩树峰:《汉唐户主资格的变迁》,《中国人民大学学报》2011第1期;《论汉魏时期户籍文书的典藏机构的变化》,《人文杂志》2014第4期;《名籍、名数、民数与户籍》,《田余庆先生九十华诞颂寿论文集》,中华书局,2014年;《论汉魏时期户籍文书的著录内容》,《简帛研究2014》,广西师范大学出版社,2014年;《汉晋时期的黄簿与黄籍》,《史学月刊》2016年第9期。

硕的成果，秦汉三国户籍的轮廓也逐步显现出来。然而，简牍户籍研究仍然是疑点众多的领域，在不少关键点存在激烈的争论，在某些方面还需要进一步研究。例如，出土简牍户口簿籍中的哪一种是真正意义上的"户籍"，学界就存在极大的争议，而"户籍"的题名、田宅和奴婢是否入籍，户籍编造和保存的年限等根本性的问题至今仍未达成共识。又如，目前的讨论集中在编户齐民的户籍，对于具有户籍意义的宗室籍、宦籍、市籍、弟子籍等，以及与户籍密切相关的各类名籍，综合性的研究成果并不多见。再如，简纸书写材料转换影响了户籍的编造，从简牍户籍到纸文书户籍的发展源流，以及东亚户籍制度的扩展历程都还有很大的开拓空间。本书纳入讨论的是宽泛意义上的户口简及相关集计简，统称为户口簿籍。

（二）秦代户口簿籍与户籍身分、赋役注记

户籍身分与赋役注记（课役身分）混合著录格式的形成，与秦汉三国户籍制度和赋役制度的发展密切相关。在这里，首先需要说明的是，秦及汉初，"户籍"

三、简牍时代的户口簿籍与户籍身份、赋役注记

应是一个宽泛的概念。[1]从里耶秦简"户曹计录"来看:

59. 户曹计录:乡户计,徭计,器计,租质计,田提封计,漆计,鞫计,·凡七计☑(4-488)

秦末户曹令史执掌的计录包括户口、徭役、相应器物和田地等。[2]因而,户曹必然会掌握户口、徭役、田地等簿籍。张家山汉简《二年律令·户律》规定:"恒以八月令乡部啬夫、吏、令史相襍案户,户籍副臧(藏)其廷","谨副上县廷"的有"民宅图、户籍、年细籍、田比地籍、田合籍、田租籍"。[3]汉初"户籍"亦由多

---

[1] 邢义田在分析里耶户籍简时结合张家山汉简《二年律令·户律》的有关记载指出:"所谓户籍只是一个总的概念和名称,实际上和户籍相关的有多种不同内容和名称的簿籍",《龙山里耶秦迁陵县城遗址出土某乡南阳里户籍简试探》,简帛网,2007年11月3日。

[2] 里耶古城J1出土简牍纪年有秦始皇廿五年至卅七年和二世元年、二年,这批简牍的发生年代当在此前后。湖南省文物考古研究所、湘西土家族苗族自治州文物处、龙山县文物管理所:《湖南龙山里耶战国——秦代古城一号井发掘简报》,第34页。

[3] 张家山二四七号汉墓竹简整理小组编著《张家山汉墓竹简〔二四七号墓〕》(释文修订本),第54页;邬文玲:《张家山汉简〈二年律令〉释文补遗》,《简帛研究二〇〇四》,广西师范大学出版社,2006年,第166页。

个簿籍组成，这与我们通常所理解的户籍（登记户口的册籍）有所不同。秦及汉初"户籍"构成现在看来比较驳杂，可能与秦汉之际户曹令史的职能过宽以及赋役制度不断变动有关。

先秦时期按土地和家户征派赋役的习惯做法，不会因为赋役征派主要对象的转换（舍地而税人）而立即废止。比如，迄今仍不十分清楚战国秦是否已经开始按口征收算赋，[1] 土地可能还是赋税的主要来源之一；秦代可能还延续了先秦按家户征派赋役的传统。里耶秦简中与"见户""积户"统计相关的简牍较多，例如：

> 60.卅四年八月癸巳朔癸卯，户曹令史鞅疏书廿八年以尽卅三年见户数牍北（背），移狱具集上，如请史书。／鞅手（4-487+8-2004正）
>
> 廿八年见百九十一户。廿九年见百六十六户。卅年见百五十五户。卅一年见百五十九户。卅

---

[1] 关于秦代算赋的研究概况，可参见晋文《关于商鞅变法赋税改革的若干考辨》，《中国农史》2001年第4期，第17—22页；晋文《秦代确有算赋辨》，《中国农史》2018年第5期，第48—55页。

三、简牍时代的户口簿籍与户籍身分、赋役注记

二年见百六十一户。卅三年见百六十三户。(4-487+8-2004背)

61.廿九年迁陵见户百六十六,☒水火毋败所亡者。☐(9-1706+9-1740)

62.卅二年迁陵积户五万五千五【百】卅四(8-552)

63.廿七年迁陵贰春乡积户☒,亡者二人∟,率之万五千三户而☐☐(8-927)

64.卅五年迁陵贰春乡积户二万一千三百☒,毋将阳、阑亡、乏户☒(8-1716)

"见户"即见在户数(实际户数),而"积户"当即年度累积户数。[1]秦还针对见、积户数制定了考课标准:

65.岁并县官见、积户数以负算以为程・课

---

[1] 参见王伟、孙兆华《"积户"与"见户":里耶秦简所见迁陵编户数量》,《四川文物》2014年第2期,第62—67页;晋文《里耶秦简中的积户与见户——兼论秦代基层官吏的量化考核》,《中国经济史研究》2018年第1期,第56—73页。晋文认为:积户实际是县、乡对全年户籍核查和登记的累积户次。

省甲十一（16-521）

如此繁复的户数统计表明，在秦代家户仍然是重要的赋役征派的对象。据里耶秦简记录：

66.律曰：已垦田，辄上其数及户数，户婴之（9-40）

67.迁陵卅五年垦田舆五十二顷九十五亩，税田四顷☐☐，户百五十二，租六百七十七石。率之,亩一石五；户婴四石四斗五升,奇不率六斗。(8-1519正)

启田九顷十亩，租九十七石六斗。都田十七顷五十一亩，租二百卌一石。贰田廿六顷卅四亩，租三百卌九石三。凡田七十顷卌二亩。·租凡九百一十。六百七十七石。(8-1519背)

68.卅四年启陵乡见户当出户赋者志：☐见户廿八户当出茧十斤八两。☐（8-518）

69.卅四年贰春乡见户☐见户六十户当出茧廿二☐（9-661）

70.☐十月户刍钱三百☐（8-559）

三、简牍时代的户口簿籍与户籍身分、赋役注记

71. 户刍钱六十四。卅五年。☒（8-1165）
72. ☐谓启陵乡啬夫，律曰：上户出五钱以（9-379）

秦代垦田租（简66-67）、户赋（简68-69）、户刍钱（简70-71）、户出五钱（简72）均是针对家户征收的赋税。如此众多的按户征税，与西汉中期以后赋役多集中于个人有很大的不同。

按户征派赋役至西汉前期仍然如此。《汉书·高帝纪下》载高帝五年五月诏：

（军吏卒）非七大夫以下皆复其身及户，勿事。

所谓"复其身及户"之"户"，按应劭曰"不输户赋也"，[1] 指的可能是户赋。又如，江陵凤凰山西汉十号墓六号木牍记录的"户刍"：

平里户刍廿七石，田刍四石三斗七升，凡卅

---

[1] 《汉书》卷一下《高帝纪下》，第54—55页。

一石三斗七升。八斗为钱,六石当稾,定廿四石六斗九升当食(?)。田稾二石二斗四升半,刍为稾十二石,凡十四石二斗八升半。

稾上户刍十三石,田刍一石六斗六升,凡十四石六斗六升。二斗为钱,一石当稾,定十三石四斗六升给当□。田稾八斗三升,刍为稾二石,凡二石八斗三升。

户刍即按户征收的刍税,且大大重于田刍。[1]西汉前期,派役可能与户亦有关联,例如,凤凰山西汉十号墓B、C类竹简:

B类竹简

邓得二、任甲二、宋则二、野人四·凡十算遣一男一女·男野人、女惠(35)

晨一、说一、不害二、黄伏(?)三、异三丨·凡十算遣一男一女·男□、女辩(38)

---

[1] 裘锡圭:《湖北江陵凤凰山十号汉墓出土简牍考释》,《文物》1974年第7期,收入其著《裘锡圭学术文集》第2卷《简牍帛书卷》,复旦大学出版社,2012年,第5—24页;湖北省文物考古研究所编《江陵凤凰山西汉简牍》,中华书局,2012年,第103—104、143页。

三、简牍时代的户口簿籍与户籍身分、赋役注记

邸(?)期三、黑一、婢一、宋上一、耻(?)二、除二·凡十算遣一男一女·男邸(?)期、女方(40)

C 类竹简

市阳两户遣一人徭仓书(46)
郭、乙二户,儋行,少一日(47)
安国、晨二户,赤行(53)
平、中章,见(62)[1]

该简册是基层行政组织某一次据算派役的文书。当时是集十算派遣分属两户的一男一女服役。汉代征发力役,通常是先派算口较多之户,后派算口较少之户。[2]C 类竹简与按户派役有关。西汉前期按户征派赋役无疑是承秦而来的,不过,赋役征派的对象逐渐从户向人转移。例如,凤凰山西汉十号墓 B、C 类竹简派役时,户为次要依据(C 类竹简),算人为主要依据(B

---

[1] 湖北省文物考古研究所编《江陵凤凰山西汉简牍》,第 113—120 页。
[2] 杨际平:《凤凰山十号汉墓据"算"派役文书研究》,《历史研究》2009 年第 6 期,第 51—62 页。

类竹简)。

秦及西汉初年,户税与户主的爵级密切相关。例如,岳麓秦简《金布律》规定:

> 出户赋者,自泰庶长以下,十月户出刍一石十五斤;五月户出十六钱,其欲出布者,许之。十月户赋,以十二月朔日入之,五月户赋,以六月望日入之,岁输泰守。十月户赋不入刍而入钱者,入十六钱。吏先为?印,敛,毋令典、老挟户赋钱。[1]

张家山汉简《二年律令·田律》有类似的规定:

> 卿以下,五月户出赋十六钱,十月户出刍一石,足其县用,余以入顷刍律入钱。[2]

---

[1] 陈松长:《秦代"户赋"新证》,《湖南大学学报(社会科学版)》2016年第4期,第5—9页;陈松长主编《岳麓书院藏秦简(肆)》,上海辞书出版社,2015年,第107页。

[2] 张家山二四七号汉墓竹简整理小组编著《张家山汉墓竹简〔二四七号墓〕(释文修订本)》,第43页。

三、简牍时代的户口簿籍与户籍身分、赋役注记

秦汉户赋是针对爵大庶长以下至无爵者编户的专门税种。[1] 爵级对秦代按户征税有直接的影响,因此,里耶秦简中有不少简例按爵级统计户数,如:

73. ☑□二户,大夫一户,大夫寡三户,不更一户,小上造三户,小公士一户,士五七户☑,司寇一【户】☑,小男子□☑,大女子□☑,·凡廿五☑(8-19)

74. 今见一邑二里:大夫七户,大夫寡二户,大夫子三户,不更五户,□□四户,上造十二户,公士二户,从廿六户☑(8-1236+8-1791)

75. 十三户,上造寡一户,公士四户,从百四户。元年入不更一户,上造六户,从十二☑(9-2231+9-2335)

秦代军功爵具有管理编户民的重要功能,对赋役征派有强烈的影响,为体现秦爵所附丽的权益,按户

---

[1] 关于秦汉户赋的研究,请参见邬文玲《里耶秦简所见"户赋"及相关问题琐议》,陈伟主编《简帛》第 8 辑,上海古籍出版社,2013 年,第 216—227 页;朱圣明《秦至汉初"户赋"详考——以秦汉简牍为中心》,《中国经济史研究》2014 年第 1 期,第 152—161 页。

征派赋役时需参照爵等，爵等于是被运用到户数统计当中。

秦及汉初，由于传统的按土地、家户征派赋役与按户口征派赋役夹杂在一起，又统归户曹管理，以致当时的"户籍"构成极其复杂。不过，随着田地管理职能的剥离，算赋制度和徭役制度的发展，赋役征派逐步集中到编户民个别人身之上。于是，"户籍"著录的内容主要是编户民"名事里"等信息，赋役征派注记（课役身分）也随着赋役制度的发展逐步注入其中。我们通常理解意义上的户籍开始形成。

不过，户籍身分和赋役注记（课役身分）合记到户口簿籍中应当经历了较长的历史时期。里耶秦简记录名事（邑）里的户口简中就没有赋役注记。如出土于里耶护城壕十一号坑（K11）的"秦代迁陵县南阳里户版"，[1] 兹举几件如下：

---

[1] 相关研究参见湖南省文物考古研究所编《里耶发掘报告》，第203—209页；邢义田：《龙山里耶秦迁陵县城遗址出土某乡南阳里户籍简试探》，简帛网，2007年11月3日；张荣强《湖南里耶所出"秦代迁陵县南阳里户版"研究》，《汉唐籍帐制度研究》，第7—36页；黎明钊《里耶秦简：户籍档案的探讨》，《中国史研究》2009年第2期；陈絜《里耶"户籍简"与战国末期的基层社会》，《历史研究》2009年第5期。

三、简牍时代的户口簿籍与户籍身分、赋役注记

76.南阳户人荆不更黄得,妻曰嗛,子小上造台,子小上造□,子小上造定,子小女虖,子小女移,子小女平,五长(K1/25/50)

77.南阳户人荆不更宋午,弟不更熊,弟不更卫,熊妻曰□□,卫妻曰□,子小上造传,子小上造逐,□子小上造□,熊子小上造□,卫子小女子□,臣曰禣(K2/23)

78.南阳户人荆不更繺喜,子不更衍,妻大女子媸,隶大女子华,子小上造章,子小上造□,子小女子赵,子小女子见(K4)

79.南阳户人荆不更黄□,子不更昌,妻曰不实,子小上造悍,子小上造□,子小女子规,子小女移(K17)

80.南阳户人荆不更蛮强,妻曰嗛,子小上造□,子小女子驼,臣曰聚,伍长(K27)

81.南阳户人荆不更黄□,妻曰负乌,子小上造□,子小女子女祠,毋室(K28/29)

82.南阳户人不更彭奄,弟不更说,母曰错,妾曰□,子小上造状(K30/45)

83.南阳户人荆不更大□,弟不更庆,妻曰嬽,

庆妻规，子小上造视，子小造囗（K43）[1]

该户版的写成年代可能在战国末叶秦占领楚迁陵后（大致应当在秦王政十九年之前）不久。[2] 这类户版内容比较简单，均为居处、爵位、姓名、家庭关系、户籍身分的记录，而无田地、赋役，甚至年龄的记录。不少学者认为，这应是迄今所见最早的通常所理解的真正意义上的"户籍"实物，[3] 或者可以说是后代户籍的直接源头。

里耶古城J1出土的户口简与K11出土的户版年代接近，著录的内容和格式大同小异，如：

84. 南里户人大女子分囗，子小男子囗囗（8-237）

85. 成里户人司寇宜，下妻齿（8-1027）

---

[1] 湖南省考古研究所编著《里耶发掘报告》，第203—208页。

[2] 参见张荣强《湖南里耶所出"秦代迁陵县南阳里户版"研究》，《汉唐籍帐制度研究》，第25—33页；陈絜《里耶"户籍简"与战国末期的基层社会》，第24—26页。

[3] 例如：胡平生《新出汉简户口簿籍研究》，《胡平生简牍文物论稿》，第335页。

三、简牍时代的户口簿籍与户籍身份、赋役注记

86 南里户人大夫寡茆,☐☐【公士】☐☐（8-1623）

87.东成户人大夫寡晏☐,子小女子女巳☐,子小女子不唯☐（9-567）

88.高里户人小上造匩,弟小女子检☐,下妻曰婴（9-2045+9-2237）

89.东成户人士五夫☐,妻大女子沙☐,子小女子泽若☐,子小女子伤☐,子小男子嘉☐,夫下妻曰泥☐（9-2037+9-2059）

它们很可能属于同一系统。[1] 不过,K11中户版登记男子均登记其爵位,小男子亦登记小爵如"小上造";而J1中的户口简则直接登记"小男子"（简84）,即使无爵者,也未登记"小士五"。相关家户结计简,则按"大""小"男女统计,如:

90.南里户人官大夫布☐,口数六人☐,大男

---

[1] 张春龙指出,由残损程度分析,J1户籍简完整形态多为23厘米,宽为2—4厘米,与K11户版迥然不同,但也不排除有形制相同者。《里耶秦简所见的户籍和人口管理》,第195页。

子一人☐,大女子一人☐,小男子三人☐（9-2295）

91.☐伍长,大女二人,小男一人,小女一人,四人（9-1530）

92.不更舆里□豸☐,厚大女三人☐,小女二人,……徭□七日……☐（9-1707）

未见明确的"小爵"统计。

K11户版与J1户口简对于未成年男子从字面上看来存在两种不同的记录方式,前者登记"小爵",而后者登记"小男子",这究竟反映了前后户籍登录的变革,"小男子"为身高6尺=年15岁以下的未成年男子？还是简84和简90、91中的"小男（子）"均应按K11户版整齐登录的小爵进行理解,即皆为爵制意义上的"小"："大男（子）"即傅籍之后的正卒,"小男（子）"为"小未傅""小爵"之称？虽然后一种可能性更大,但目前还难以完全确定。

上引里耶秦代户口简皆未登记年龄。秦王政十六年"初令男子书年",K11户版写成年代当在此之后,J1户籍简中很多更是在十数年后。这些户口简中未见年龄登记,一来可能是因为当时在这类户口简之外有

三、简牍时代的户口簿籍与户籍身分、赋役注记

独立的"年籍"(简21),年龄另外专门登录;二来可能是因为"初令男子书年"从秦地推广至东方六国可能经历了较长时期。秦汉之际,征派赋役的依据虽然逐渐从身高转换为年龄,但是,由于户籍全面登录编户民年龄可能较晚,在此期间,年龄和身高可能皆为划分户籍身分的依据。

里耶秦代户口简登录了编户民的爵位和户籍身分"大""小",且爵位对赋役征派有直接的影响。户籍身分"大""小"能大致标示"可任者"和"不可任者",从户人、爵位、婚姻、亲属关系等亦能大致体现"壮""弱""老"之分。里耶秦代户口简可能以身高、年龄为依据划分户籍身分"大""小",为赋役征派提供基本依据。然而,这类户口简既未记录户口的身高或年龄,也未登录赋役征派的情况(或课役身分)。

从这些情况看来,此时期可能延续了先秦按家征役的习惯做法,前引《周礼·地官·小司徒》云:"凡起徒役,毋过家一人",即一家在特定时期内出一人服徭役,睡虎地秦简《秦律杂抄》"戍律曰:同居毋并

行"当与此相关。[1] 因而，J1某些户口简特别重视户数的统计。而赋税征收的主要对象可能仍然是土地和家户。由于赋役征派与爵制、家户和田地都有关系，赋役征派注记很难直接写入户口简。从秦代"户曹记录"来看，可能另有与"徭记""乡户记""田提封记"等相关的簿籍。

不过，春秋战国以来，赋役征派的对象逐渐由家户、土地转换为编户民，这在J1户口简中也有具体的体现，即对编户民大、小男/女（子）分别进行统计，当与此时逐步向按口征派赋役转变有关。

（三）西汉户口簿籍与户籍身分、赋役注记

西汉前期，一方面延续了秦代按家户征派赋役的传统，如前所述，户赋、户刍征收和按户课役在张家山、凤凰山汉简中均有例证。另一方面，按口征派赋役继续发展，逐步成为主要的课役方式，赋役注记（课役身分）与户籍身分开始合记在户籍当中。

---

[1] 睡虎地秦墓竹简整理小组：《睡虎地秦墓竹简》，第89页。

三、简牍时代的户口簿籍与户籍身分、赋役注记

由于至今尚未发现西汉前期户籍实物,这一演变过程还难以进行直接探讨,此时期户籍的基本情况只能通过相关材料进行推论。湖北荆州高台汉墓出土了汉文帝七年(前173)的"告地书",有似模拟户籍而成的 M18∶35 丙木牍正面书:

> 93. 新安户人大女燕,关内侯寡。大奴甲,大奴乙,大婢妨,家复,不筭不徭。[1]

该牍出现了户籍身分"大",存在与"大"相对的户籍身分"小"应无疑义。此外,还注记了"不筭不徭",与赋役相关。同类"告地书"还有:

> 94.(吕后)五年(前183)十一月癸卯朔庚午,西乡辰敢言之:郎中【五】大夫昌自言:母大女子恚死,以衣器、葬具及从者:子、妇、偏下妻、奴婢、马牛物、人一牒,牒百九十七枚。昌家复

---

[1] 湖北省荆州博物馆:《荆州高台秦汉墓》,科学出版社,2000年,第222—229页。张俊民:《江陵高台18号墓木牍释文浅析》,《简帛研究二〇〇一》,广西师范大学出版社,2001年,第289页。

毋有所与。有诏令，谒告地下丞以从事，敢言之。（牍1）[1]

十一月庚午，江陵丞虎移地下丞，可令吏以从事。／臧手。（牍2）

郎中五大夫昌母家属当复毋有所与。（牍3）[2]

95.（文帝）十二年（前168）八月壬寅朔己未，建乡畴敢告地下主：泗（？）阳关内侯寡大女精死，自言以家属、马牛徙。今牒书所与徙者七十三牒移。此家复不事。可令吏受数以从事，它如律令，敢告主。[3]

简94、95特别注明了"家复毋有所与""家复不事"。这类赋役注记当如简93"不筭不徭"一样，无论是在告地书附录的户口简，还是作为模板的现世户

---

[1] 荆州博物馆：《湖北荆州谢家桥一号汉墓发掘简报》，《文物》2009年第4期，第41页。刘国胜：《谢家桥一号汉墓〈告地书〉牍的初步考察》，《江汉考古》2009年第3期，第120页。

[2] 牍2、3参看荆州博物馆《荆州重要考古发现》，文物出版社，2009年，第191页。

[3] 湖北省博物馆编《书写历史——战国秦汉简牍》，文物出版社，2007年，第75页。刘国胜：《江陵毛家园一号汉墓〈告地书〉牍补议》，简帛网，2008年10月27日。

三、简牍时代的户口簿籍与户籍身分、赋役注记

口简中,都应有相应的注记。

西汉前、中期还有一系列与户口统计相关的簿书,亦可反映这一时期户籍身分与赋役注记(赋役身分)的登记情形。例如,西汉文帝时期的沅陵虎溪山汉简"计簿":

96. 复算:百七十,多前四,以产子故。(M1T:43-98)

97. 不更五十九人,其二人免老,一人睆老,十三人罢癃。(M1T:43-100)

98. 泣聚户百卅四,口五百廿一人。(M1T:43-101)[1]

秦简中多见按爵级统计家户(简73-75),虎溪山汉简则按爵级统计人口(简97),应是赋役征派的对象逐步由户向口转移的体现。不仅如此,该"计簿"还具体登记了户口数据和各类课役身分的人数,如"复算""免老""睆老""罢癃"。这类课役身分应当注记

---

[1] 湖南省文物考古研究所、怀化市文物处、沅陵县博物馆:《沅陵虎溪山一号汉墓发掘简报》,《文物》2003年第1期,第50页。

在当时的户籍当中。

虎溪山汉简"计簿"的登录内容和模式，在西汉中期的统计簿书中也有反映。例如，湖北荆州纪南松柏汉简中，[1] 不但有户口集簿，而且有各类课役统计簿。首先来看户口集簿的内容：

> 99.·二年西乡户口簿：户千一百九十六，息户七十，耗户卅五，相除定息卌五户，大男九百九十一人，小男千卌五人，大女千六百九十五人，小女六百卌二人，息口八十六人，耗口卌三人，相除定息口卌三，·凡口四千三百七十三人（48）
>
> 100.江陵使大男四千七百廿一人，大女六千七百六十一人，小男五千三百一十五人，小女二千九百卅八人，·凡口万九千七百卅五人；延

---

[1] 荆州博物馆：《湖北荆州纪南松柏汉墓发掘简报》，《文物》2008年第4期，第24—32页；朱江松：《罕见的松柏汉代木牍》，荆州博物馆编著《荆州重要考古发现》，文物出版社，2009年，第209—212页，是文仅公布图版而未作释文，相关释文可参见彭浩《读松柏出土的四枚西汉木牍》，《简帛》第4辑，上海古籍出版社，2009年，第333—343页。

三、简牍时代的户口簿籍与户籍身分、赋役注记

大男八百卌九人,延大女二百八十九人,延小男四百卌三人,延小女三百六十八人,延口千九百卌九人,其千五百卌七人外越。

宜成使大男四千六百七十二人,大女七千六百九十五人,小男六千四百五十四人,小女三千九百卌八人。凡口二万二千七百五十九人,其廿九人复,二百卌四人涻中。

临沮使大男二千三百六十人,大女四千廿六人,小男二千四百一十一人,小女千九百七人。延大男一人。凡

安陆使大男四百七十五人,大女八百一十八人,小男五百五十八人,小女三百六十九人。·凡口二千二百廿人,其二百廿九人复。

沙羡使大男五百八十五人,大女九百五十九人,小男六百七十二人,小女四百卌五人。·凡口二千六百六十二人,其八人复。

州陵使大男三百九十三人,大女六百卌四人,小男六百七十六人,小女三百八十八人。·凡口二千九十一人,其卌九人复。

显陵使大男三百卌二人,大女六百一十一

人，小男三百九十五人，小女二百六十人。凡口千六百八人复。

便侯国使大男千七百八十一人，大女二千九百九十四人，小男千九百卌二人，小女千七百卌人。凡口八千四百卌七人，其十六人复。

邔侯国使大男三千六百廿四人，大女五千六百六十四人，小男五千一百六十人，小女三千四百八十九人。凡口万七千九百卌七人，其千三百五十二复。

襄平侯中卢使大男千四百九人，大女二千四百七十八人，小男千七百五十一人，小女千七十人。凡口六千七百八人，其百廿三人复。（53）

简99为江陵西乡户口集簿，简100为南郡各县人口集簿。虽然两件集簿统计的内容有所不同，前者统计户数和口数，后者仅统计口数，但是，两件簿书统计人口的方式相同，即按大、小男女口数分别进行集计。

在这里还需要稍作说明的是简100记录的"使大

三、简牍时代的户口簿籍与户籍身分、赋役注记

男"。过去,学界多认为"使大男"是一种户口登记的身份;"使"一开始与"使役"有关,后成为当时户籍中的专门名词;"使大男"指年十五至免老年龄的身体健全的男性。[1] 然而,"使"和"未使"广泛见于张家山汉简《二年律令·金布律》廪给规定、西北边塞汉简廪食簿以及香港中文大学文物馆藏汉简《奴婢廪食粟出入簿》等,[2] 所在簿书皆与廪给有关。廪给身分与户籍身分不同,与赋役征派没有直接联系(参见第一章第二节)。不仅如此,秦代和西汉前期户口简中仅见户籍身分"小"和"大",未见"老"。西汉年60以上基本上称作"大",很少称"老",[3] "老"此时还不是户籍身分。因此,将"使大男"的年龄上限限定为"免老"之前,可能也不稳妥。

---

[1] 彭浩:《读松柏出土的四枚西汉木牍》,第339—340页。

[2] 请参见张家山二四七号汉墓竹简整理小组编著《张家山汉墓竹简〔二四七号墓〕(释文修订本)》,第65页;谢桂华、李均明、朱国炤《居延汉简释文合校》,文物出版社,1987年;李天虹《居延汉简簿籍分类研究》第三章第二节,第66—68页;陈松长编著《香港中文大学文物馆藏简牍》,香港中文大学文物馆出版,2001年;于振波《汉代官奴婢述略——以香港中文大学文物馆藏简牍为中心》,《简牍与秦汉社会》第二编《职业、身分与阶层》,湖南大学出版社,2012年,第167—176页。

[3] 参见山田胜芳《秦汉财政收入の研究》,汲古书院,1993年,第301—303页。

此"使大男"可能并非一个固定的身分称谓。理由如下：简99与100集计男女人口数有颇多相近之处：如牍文记录的大男数皆远少于大女数，小男数则皆远多于小女数。西乡各项人口数约相当于江陵相应人口数的1/5，这符合汉代一般县乡数之比例。因此，简100当是集计简99这类下辖乡户口簿大、小男女数的结果。如果"使大男"在简100为固定身分用词，那么，简99也应记作"使大男"，然而，后者仅记为"大男"。这也暗示着"使大男"并非户籍身分。迄今，无论出土新材料，还是传统文献，皆未见身分用词"使""大"连用的例证，简100中的"使大男"似不能独立成词。

"使"在此处应作动词解，可能是此时期郡县人口集簿中的文书用词，其用法大抵相当于走马楼吴简中的"领"，如：

101.右永新领师佐五人，妻子七人合十二人（壹·5915）

102.集凡乐乡领嘉禾四年吏民合一百七十三户，口食七百九十五人☐（壹·8482）

103.·右高迁里领吏民卅八户，口食

三、简牍时代的户口簿籍与户籍身分、赋役注记

一百八十人(壹·10229)

104.·集凡南乡领军吏父兄弟合十九人　中(叁·464)

105.入县所领下州郡县吏十九人,父兄子弟合卌八人(叁·1781)

其字义或许能从《逸周书·谥法解》"治民克尽曰使",[1] 张家山汉简《盖庐》"使民之方,何短何长？""使民之方,安之则昌,危之则亡,利之则富,害之有央(殃)"获得启示,[2] "使"作全句的谓语,带有簿记载录、可供支配之意。

松柏汉简中,与简99、100户口集簿同出的还有免老簿、新傅簿、罢癃簿、复事筭簿、见(现)卒簿、置吏卒簿等与赋役征派直接相关的簿书。[3] 例如:

106.南郡免老簿:巫免老二百七十八人,秭

---

[1] 黄怀信、张懋镕、田旭东撰《逸周书汇校集注》卷六《谥法解》,上海古籍出版社,1995年,第736页。

[2] 张家山二四七号汉墓竹简整理小组编著《张家山汉墓竹简〔二四七号墓〕(释文修订本)》,第161页。

[3] 荆州博物馆:《湖北荆州纪南松柏汉墓发掘简报》,第29—32页。

归免老二百卌六人，夷道免老六十六人，夷陵免老卌二人，醴阳免老六十一人，孱陵免老九十七人，州陵免老七十四人，沙羡免老九十二人，安陆免老六十七人，宜成免老二百卌二人，临沮免老三百卌一人，显陵免老廿人，江陵免老五百卌八人，襄平侯中庐免老百六十二人，邔侯国免老二百六十七人，便侯国免老二百五十人，轪侯国免老百三十八人，·凡免老二千九百六十六人。

南郡新傅簿：巫新傅二百三人，秭归新傅二百六十一人，夷道新傅卌七人，夷陵新傅卌五人，醴阳新傅廿五人，孱陵新傅廿六人，州陵新傅十五人，沙羡新傅五十人，安陆新傅十九人，宜成新傅五百卌六人，临沮新傅百一十六人，显陵新傅十二人，江陵新傅二百五十五人，襄平侯中庐新傅七十八人，邔侯国新傅二百廿人，便侯国新傅百廿三人，轪侯国新傅五十六人，·凡新傅二千八十五人。

南郡罢癃簿：巫罢癃百一十六人，其七十四人可事；秭归罢癃百六十人，其百卌三人可事；夷道罢癃卌八人，其卌人可事；夷陵罢癃廿二

三、简牍时代的户口簿籍与户籍身分、赋役注记

人,其十七人可事;醴阳罢癃廿六人,其十五人可事;孱陵罢癃七十六人,其六十二人可事;州陵罢癃六十一人,其卌八人可[1]事;沙羡罢癃五十一人,其卌人可事;安陆罢癃廿八人,其廿四人可事;宜成罢癃六百卌三人,其五百七十人可事;临沮罢癃百九十九人,其百卌四人事;显陵罢癃卌五人,其卌人可事;江陵罢癃三百六十三人,其三百一十六人可事;襄平侯中庐罢癃二百一十八人,其百六十九人可事;邔侯国罢癃二百七十五人,二百廿三人可事;便侯国罢癃三百七人,其二百六十四人可事;轪侯国罢癃七十人,其五十九人可事;·凡罢癃二千七百八人,其二千二百廿八人可事;四百八十人不可事。(35)

107. 巫卒千一百一十五人,七更,更百卌九人,余卅九人;秭归千五十二人,九更,更百一十六人,其十七人助醴阳,余八人;夷陵百廿五人,参更,更三十六人,余十七人;夷

---

[1] "可"后原释有"是",据图版删。

道二百五十三人，四更，更五十四人，余卅七人；醴阳八十七人，参更，更卅二人，受秭归月十七人，余十二人；孱陵百八人，参更，更百卅六人，不足五十一人，受宜成五十八人，临沮三十五人；州陵百廿二人，参更，更三十七人，余十一人；沙羡二百一十四人，参更，更六十人，余三十四人；安陆二百七人，参更，更七十一人，不足六人；宜成千六百九十七人，六更，更二百六十一人，其五十八人助孱陵，余八十九人；江陵千六十七人，参更，更三百二十四人，余九十五人；临沮八百卅一人，五更，更百六十二人，其卅五人助孱陵，二十九人便侯，余三十一人；显陵百卅三人，参更，更卅四人，余十一人；邔侯国二千一百六十九人，七更，更二百八十一人，其卅一人助便侯，廿九轪侯，余二百二人；中卢五百廿三人，六更，更八十四人，余十九人；便侯三百七十一人，参更，更百八十六人，受邔侯卅一，临沮廿九，余廿三人，当减；轪侯四百卅六人，参更，更百七十人，受邔侯廿九人，余廿三人，当减；·凡万四七十人，月用卒

三、简牍时代的户口簿籍与户籍身分、赋役注记

二千一百七十九人。(47)

这类簿书记录了"新傅""免老""罢癃""卒""吏""复筭""事筭"等,当时这些应当作为赋役注记写入户籍之中。换言之,简100中的"复",简106中的"新傅""免老""罢癃"和简107中的"卒"等人数应是按郡县乡里逐级集计而成的数据,其底帐是藏在县、乡的户口簿籍。

松柏汉简虽然提到了"复事筭簿",但其具体内容尚未公布。天长汉简中亦同时出现户口簿和筭簿,应为同类性质的簿书,[1]其"筭簿"内容如下:

108. 筭簿:集八月事筭二万九,复筭二千卅五。都乡八月事筭五千卅五,东乡八月事筭三千六百八十九,垣雍北乡八月事筭三千二百八十五,垣雍东乡八月事筭二千九百卅一,鞠(?)乡八月事筭千八百九十,杨池乡八

---

[1] 天长市文物管理所、天长市博物馆:《安徽天长西汉墓发掘简报》,《文物》2006年第11期,第11、14、16页。释文"垣雍北乡"原衍释一"户"字,据袁延胜意见删。袁延胜:《天长纪庄木牍〈筭簿〉与汉代筭赋问题》,《中国史研究》2008年第2期,第105页。

月事筭三千一百六十九，·右八月。·集九月事筭万九千九百八十八，复筭二千六十五。

该"筭簿"主要集计"事筭"与"复筭"，其主要内容应与松柏汉简"复事筭簿"一致。另外，最近公布的青岛土山屯西汉简"堂邑元寿二年（前1）要具簿"亦有相关统计：

109. 凡筭六万八千五百六十八，其千七百七十九奴婢。复除罢癃筭二万四千五百六十五。定事筭四万四千三，多前六百廿二。[1]

这部分内容应当是在"复事筭簿""筭簿"基础上的集计。

关于"事筭"与"复筭"的理解，学界也有不同的看法。第一类观点认为，"事筭"指的是徭役义务的承

---

[1] 青岛市文物保护考古研究所、黄岛区博物馆：《山东青岛土山屯墓群四号封土与墓葬的发掘》，《考古学报》2019年第3期，第426—427页。

三、简牍时代的户口簿籍与户籍身分、赋役注记

担者,"复算"是由于某些理由而免除了的徭役者。[1]第二类观点认为,《算簿》中的"事算",体现了徭役承担者和算赋承担者的一致性,"复算"即免除算赋。[2]第三类观点认为,"算"为向年15岁至免老年龄的成年男女征发赋税和徭役的单位,"事算"指实际服算,"复算"即免除算的义务。[3]

从"筭簿"集计简来看,"事筭"与"复筭"是一组相对概念。这在传统文献中有相关的记载和注解。《汉书·武帝纪》载:"年八十复二算,九十复甲卒。"张晏曰:"二算,复二口之算也。"[4]《汉书·贾山传》载:"礼高年,八十者二算不事。"师古曰:"二算不事,免二口之算赋也。"[5]《汉书》记载的"年八十复二算"与"八十者二

---

[1] 山田胜芳:《西汉武帝时期的地域社会与女性徭役——由安徽省天长市安乐镇十九号汉墓木牍引发的思考》(原刊《集刊东洋学》第97号,2007年),庄小霞译,《简帛研究二〇〇七》,广西师范大学出版社,2010年,第313—318页。

[2] 袁延胜:《天长纪庄木牍〈算簿〉与汉代算赋问题》,第105—118页。

[3] 杨振红:《从出土"算"、"事"简看两汉三国吴时期的赋役结构——"算赋"非单一税目辨》,《中华文史论丛》2011年第1期,收入其著《出土简牍与秦汉社会(续编)》,第165—177页。

[4] 《汉书》卷六《武帝纪》,第156页。

[5] 《汉书》卷五一《贾山传》,第2335—2336页。

算不事"指的是因"礼高年"而复算的规定,张晏和颜师古对此的看法相同,这在走马楼吴简中也有反映:

> 110.宗妻大女妾年卅二算一八十所[1]复(壹·2971)
> 111.子公乘宗廿四算一八十所[2]复(壹·2993)
> 112.素寡妇大女思年卅六算一八十所[3]复(壹·3322)
> 113.☐年卅算一八十[4]所复(叁·3427)

据此,"复二算"即"二算不事","复"与"不事"义同。又如《汉书》卷一下《高帝纪下》:"非七大夫以下,皆复其身及户,勿事,"[5]"复"即"勿事"。由此看来,"事算"与"复算"是相对而言的。

---

[1] "所",原释作"一",今据图版及文例改。
[2] "所",原阙释,今据图版及文例补。
[3] "所",原释作"可",今据图版及文例改。
[4] "八十",原阙释,今据图版补。
[5] 《汉书》卷一下《高帝纪下》,第54页。

三、简牍时代的户口簿籍与户籍身份、赋役注记

汉代不仅有复算,还有复事。张家山汉简《二年律令·亡律》云:"皆复使及筭,事之如奴婢,"[1]"使""事"同源,"复使及筭"当即"复事"及"复筭",免除徭役和算赋。又如《汉书·高帝纪下》载汉高帝七年(前200)令:"民产子,复勿事二岁。"注引颜师古曰:"勿事,不役使也。"[2] 此亦应为"复事"。

前引西汉文帝时期沅陵虎溪山汉简"计簿"所记"复筭:百七十,多前四,以产子故"(简96),汉文帝时庶民产子"复筭",有的学者理解为汉高帝七年诏令"民产子,复勿事二岁"的延续,认为此"复筭"即"复勿事二岁"。[3] 但我们更倾向于,产子优复的政策后来由"复事"转变成为"复筭"。《后汉书·章帝纪》:"《令》云:'人有产子者复,勿算三岁'。今诸怀姙者,赐胎养谷人三斛,复其夫,勿算一岁,著以为令。"[4] 东汉产子"复算"在户籍简中有明确的注记(参见后引长沙

---

[1] 张家山二四七号汉墓竹简整理小组编著《张家山汉墓竹简〔二四七号墓〕》(释文修订本),第30页。

[2] 《汉书》卷一下《高帝纪下》,第63—64页。

[3] 山田胜芳:《西汉武帝时期的地域社会与女性徭役——由安徽省天长市安乐镇十九号汉墓木牍引发的思考》,第318页。

[4] 《后汉书》卷三《章帝纪》,第148页。

尚德街东汉户籍简简123），联系东牌楼东汉户籍简和走马楼吴简征赋户籍簿的功能（详见本章第四、五节），"复筭"当即复除算人收钱。

从这些证据来看，"复"有"复筭"（赋）与"复事"（役）之分，作为与"复"相对的"事"，亦当如此。天长汉简中的"事筭""复筭"应当仅与算人收钱（即通常理解意义上的"算赋"）有关，而与徭役无关。尤其是最近公布的青岛土山屯西汉简"堂邑元寿二年要具簿"中还记有：

> 114.见甲卒万九千五百卌四，卒复除徭使千四百卌一，定更卒万七千三百八十三。[1]

"复筭""事算"与"卒复除徭使""定更卒"等并记，清楚地表明"筭"与"徭（更）"分别集计。

至于西汉后期的户籍实物，虽然迄今未见遗存，但是，西北汉简中常见的"家属符"（出入关的身分

---

[1] 青岛市文物保护考古研究所、黄岛区博物馆：《山东青岛土山屯墓群四号封土与墓葬的发掘》，《考古学报》2019年第3期，第426—427页。

三、简牍时代的户口簿籍与户籍身分、赋役注记

凭证)为我们分析这一时期的户籍及户籍身分提供参考。[1] 兹举几件如下:

115. 五凤四年(前54)八月庚戌橐他石南亭长符:亭长利主妻䗍得定国里司马服年卅二岁,子小女自为年六岁,皆黑色,入出止(73EJT9:87)

116. 初元四年(前45)正月癸酉橐佗殄虏隧长符:隧长奉妻䗍得常乐里大女叶中孙年廿五岁,子小女建年五岁,子小男忠年一岁,奉弟辅年十七岁,奉弟妇婢年十六岁,·皆黑色。(73EJT30:62)

117. 永光四年(前40)正月己酉橐佗吞胡隧长张彭祖符:妻大女昭武万岁里张春年卅二,子大男辅年十九岁,子小男广宗年十二岁,子小女女足年九岁,辅妻南来年十五岁,皆黑色。(29.2)

---

[1] 关于西北汉简中"家属符"的整理与分析,可参见黄艳萍《汉代边境的家属出入符研究——以西北汉简为例》,《理论月刊》2015年第1期;袁延胜《肩水金关汉简家属符探析》,张德芳主编《甘肃省第三届简牍学国际学术研讨会论文集》,上海辞书出版社,2017年,收入其著《秦汉简牍户籍资料研究》,第215—234页;齐继伟《西北汉简所见吏及家属出入符比对研究》,《敦煌研究》2018年第6期。

118.橐他驳南亭长孙章阳朔三年（前22）正月家属符：妻大女糵得寿贵里孙迁年廿五，子小男自当年二，皆黑色。（73EJT37:1007）

119.橐他通道亭长宋捐之永始四年（前13）家属符尽十二月：妻大女糵得常乐里宋待君年廿二，子小男自当年九，子小女廉年六（73EJT37:1059）

120.橐他□望隧长□□建平四年（前3）正月家属出入尽十二月符：弟大男□年廿，弟妇始年廿，子小女倩卿年三岁，牛二头，车一两。（73EJT37:176）

121.橐他候史氐池千金里张彭建平四年正月家属符：母居延屏庭里徐都君年五十，男弟糵得当富里张惮年廿，男弟临年十八，女弟来侯年五，女弟骄年十五，彭妻大女阳年廿五；车二两，用牛四头，马三匹。（73EJT37:1058）

122.橐他中部候长程忠建平四年正月家属出入尽十二月符：妻大女糵得富安□里程昭年廿八，子小女买年八岁，子小女迁年三岁，子小女来卿年二岁，弟小男音年十八；小

三、简牍时代的户口簿籍与户籍身分、赋役注记

奴满,牛车一两、牛二头,轺车一用、马二匹(73EJT37:1528+280+1457)[1]

这类"家属符"登记的男、女身分与"卒家属禀名籍"登记的禀食身分有明显的不同:[2]"家属符"只有"小""大",而无"使""未使"一类的禀食身分。

总的看来,西汉时期的户籍身分与秦代的基本相同,均只有"小""大"。从模仿现世户籍制作的"告地书"以及户口集计等簿书来看,西汉户籍应当开始连记户籍身分和赋役注记(课役身分)。由于"筭簿"与"新傅""免老""罢癃"等集簿单独制作,且"要具簿"中"筭"与"更、繇"分别集计,从这些情况来看,赋与役的注记应当并未合记到单一户籍当中,而是各类户籍簿分别连记户籍身分与复筭、事筭,户籍身分与新傅、免老、罢癃、更卒等。

---

[1] 姚磊:《〈肩水金关汉简(肆)〉缀合(二十一)》,简帛网,2016年5月26日。

[2] 西北边塞简"卒家属禀名籍"的基本情况,请参见李天虹《居延汉简簿籍分类研究》第三章第二节,第66—68页。

（四）东汉户口簿籍与户籍身分、赋役注记

东汉时期的户籍实物主要有三批，分别是长沙东牌楼出土的东汉灵帝建宁四年（171）前后的户籍简，长沙尚德街出土的可能是东汉献帝建安十四年（209）的户籍简和四川渠县城坝遗址J9出土的东汉中晚期户籍简。这三批户籍简的年代集中在东汉中后期，与长沙走马楼三国吴嘉禾年间（232—237年）户籍简年代较近，内容有不少共同之处。

首先来看内容比较完整的东汉献帝建安十四年（209）户籍简：

123.［□□］［□］☑□里户人士伍□年□□筭卒，十四年产子复。

☑妻大女姜年十八，筭一，十四年产子复。（第一栏）

子士伍官年一。（第二栏）

新☑户（第三栏）

凡□□（口三）事

三、简牍时代的户口簿籍与户籍身分、赋役注记

筭二复

甲卒一人（第四栏）

訾二千六百（第五栏）（069+068）[1]

与秦代户籍简不同，该户籍简不再齐整地登记户籍身分：大男、小男，大女、小女；其中，仅见户籍身分"大女"。赋役标注较为细致，有"筭卒""筭一""产子复""凡（口三）事，筭二复""甲卒一人"等注记和身分。不仅如此，"户"的信息开始凸显，不仅登记"新户"，而且登记户訾"訾二千六百"。

与尚德街东汉户籍简内容、格式几乎相同的还有东牌楼东汉灵帝建宁四年（171）前后的户籍残简：[2]

---

[1] 长沙市文物考古研究所编《长沙尚德街东汉简牍》，岳麓书社，2016年，第113页。释文修订和内容分析请参见凌文超《长沙尚德街东汉户口简考释》，《第七届"中国古文书学"国际学术研讨会——文书文本解读与古代社会论文集》，河北石家庄，2018年9月15—16日。

[2] 长沙市文物考古研究所、中国文物研究所编《长沙东牌楼东汉简牍》，文物出版社，2006年，第107—108页。相关研究参见王素《长沙东牌楼东汉简牍选释》，《文物》2005年第12期；张荣强《长沙东牌楼东汉"户籍简"补说》，《中国史研究》2008年第4期，收入其著《汉唐籍帐制度研究》，第67—88页。

124. 曹其 建宁四年戍里户人公乘其〔年〕卅 九算卒笃癃 子公乘石……(79)[1]
   …… 卅七算卒笃癃

125. 区益 子公乘床年卅□算卒九十复（80）

126. ☒   凡口五事   ☒
     ☒ 中 筭三事二[2] 訾五十 ☒
     ☒   甲卒一人   ☒（82）

简124—126虽然残断，参考尚德街东汉户籍简简123，简124、简125应为户籍简上半部分，而简126为下半部分，综合起来亦反映出东汉户籍简的基本内容。

东牌楼东汉户籍简简124—126对户籍身分"小""大"的登记也不严格，赋役注记或课役身分"算卒""笃癃""九十复""凡口五事，筭三事二""甲卒一人"的记录比较细致。同时，也记录了户訾"訾五十"。

---

[1] 释文修订参见长沙东牌楼东汉简牍研读班《〈长沙东牌楼东汉简牍〉释文校订稿》,《简帛研究二〇〇五》,广西师范大学出版社,2008年,第162页。

[2] "二",原阙释,今据图版补。

三、简牍时代的户口簿籍与户籍身分、赋役注记

简123—125中"算卒"的理解关系到这类户籍简性质的判定,然而,学界的解读存在不小的争议。整理者认为:

> "算卒",即算甲卒,为当时算赋之一种。《周礼·地官·大司徒》记养民之法有六,第五为"宽疾",郑玄注云:"宽疾若今癃:不可事,不算卒;可事者,半之也。"贾公彦疏云:"云'宽疾若今癃:不可事,不算卒'者,汉时癃病不可给事,不算计以为士卒,若今废疾者也。云'可事者,半之也'者,谓不为重役,轻处使之,取其半功而已,似今残疾者也。"宋王应麟《玉海》卷一七九引录此注,同氏《汉制考》卷一引录此注疏,均以为汉制。证明汉代确有所谓"算卒"之制。[1]

整理者认为"算卒"即算甲卒,为当时算赋之一种。但引贾疏,似又认为"卒"指服役。

裘锡圭不认同整理者将"算卒"断定为"算甲卒",

---

[1] 长沙市文物考古研究所、中国文物研究所编《长沙东牌楼东汉简牍》,第107页。

指出"贾疏所理解的、意义近于'当作'的'算',在汉代语言中似少见",并认为孙诒让《周礼正义》对"不算卒"的另一种解释可能是正确的:

> "算卒"即《汉书·昭帝纪》之"更赋",颜注引如淳云:更有三品,有卒更,有践更,有过更。古者正卒无常人,皆当迭为之,一月一更,是为卒更也。贫者欲得顾更钱者,次直者出钱顾之,月二千,是为践更也。天下人皆直戍边三日,行者便住一岁一更,诸不行者,出钱三百入官,官以给戍者,是为过更也。此云"不算卒",即不出更赋。……贾疏谓不算计以为士卒,失之。[1]

在裘先生看来:"'算卒'也就是收更赋的意思。"[2] 张荣强援引《管子》以及出土新材料支持贾公彦的理解,但他也不赞同整理者的观点,认为:"'算卒'

---

[1] (清)孙诒让撰《周礼正义》卷一九《地官·大司徒》,第748页。
[2] 裘锡圭:《读〈长沙东牌楼七号古井(J7)发掘简报〉等文小记》"四 关于'算卒'",《湖南省博物馆馆刊》第3期,岳麓书社,2006年,收入其著《裘锡圭学术文集》第2卷《简牍帛书卷》,复旦大学出版社,2012年,第526—528页。

三、简牍时代的户口簿籍与户籍身分、赋役注记

不应理解为固定术语,也不会是'算赋之一种'。""'算卒'实际是指'算'、'卒'两种赋役名目。"他的理由有二:其一,走马楼孙吴户籍简中,"算"之后照例是标注徭役的地方,如"☐里户人公乘谢达年廿六算给县吏 訾五十"(贰·4504),也有"给卒"的事例,如"高迁里户人公乘文☐年卅六算一给县卒"(壹·10056)。其二,《汉书·食货志》晁错上疏文帝"令民有车骑马一匹者,复卒三人",如淳注"复三卒之算钱也,或曰,除三夫不作甲卒也",颜师古释"当为卒者,免其三人;不为卒者,复其钱耳"。此处说的"卒"都是指士兵,而"复卒"也应当和东牌楼东汉简80"卒"后注"复"意思一样。于是,他倾向于东牌楼户籍简的"卒皆是指甲卒",多数还应该是指长沙郡兵。[1]

从东汉户计简(简123、简126)来看,其统计的内容主要有二:一是"凡口○事○ 筭○事○",一是"甲卒○人",其统计的对象显然是赋役注记"筭卒",前者对应"筭",后者对应"卒"。因此,"筭卒"不是一种赋役,应分开来理解。那么,"卒"究竟是更赋,

---

[1] 张荣强:《长沙东牌楼东汉"户籍简"补说》,《汉唐籍帐制度研究》,第68—76页。

还是卒役呢?

首先来看传世文献的相关注解。贾疏、颜注和孙诒让正义相对晚出,我们主要讨论与东汉"筭卒"年代相近的注疏:

①《周礼·地官·大司徒》"宽疾",郑玄注:"宽疾若今癃:不可事,不算卒;可事者,半之也。"

②《汉书·食货志》载王莽曾下令曰"(汉氏)常有更赋,罢癃咸出",晋灼曰:"虽老病者,皆复出口算。"[1]

③《汉书·食货志》"今令民有车骑马一匹者,复卒三人",如淳曰:"复三卒之算钱也,或曰,除三夫不作甲卒也。"[2]

④《汉书·武帝纪》"九十复甲卒",张晏曰:"复甲卒,不豫革车之赋也。"[3]

从②王莽诏令来看,西汉时期,罢癃需要缴纳更

---

[1]《汉书》卷二四上《食货志上》,第1143—1144页。

[2]《汉书》卷二四上《食货志上》,第1133—1134页。

[3]《汉书》卷六《武帝纪》,中华书局,1962年,第156页。

三、简牍时代的户口簿籍与户籍身分、赋役注记

赋。王莽此令是对汉家制度的变革,罢癃不再出更赋此后应当延续下来。①郑玄注"'癃'不可事,不算卒",即应包括王莽改制后的不出更赋(卒役改为更赋征收)。

晋灼注②西汉时老口和疾病(包含"罢癃")需缴纳口算钱。然而,西汉算赋与更赋不同,晋灼此说似将两者混淆起来。之所以混淆,是因为西晋史家晋灼的注解受到他所熟知的可能废除不久的三国算赋制度的影响。吴简中新出现的"大口收钱廿八"(壹·4464),应是对年十五岁以上者的征赋,与"小口""筭人"收钱同属口算钱。[1]晋灼注"虽老病者,皆复出口算"当即三国时期存在的"大口收钱"。罢癃亦需缴纳"大口收钱"。

西汉昭帝以后,更卒之役改为更赋征收,以缴纳更钱取代更役,官府再雇佣他人替代服役。[2]至迟东

---

[1] 凌文超《走马楼吴简采集简"户籍簿"复原整理与研究——兼论吴简户籍簿的类型与功能》,《吴简研究》第3辑,中华书局,2011年,收入其著《走马楼吴简采集簿书整理与研究》,广西师范大学出版社,2015年,第142页。

[2] 相关综论请参见渡边信一郎《汉代的更卒制度的再检讨——服虔浜口说批判》,原刊《东洋史研究》51—1,1992年,收入其著《中国古代的财政与国家》,汲古书院,2010年。

汉中后期至三国，更赋与算赋的差异日益缩窄。④《汉书·武帝纪》"九十复甲卒"，在《汉书·贾山传》中又记作"九十者一子不事"，[1]这都是针对徭役而言的。然而，汉魏之际的史家张晏将"复甲卒"理解为"不豫革车之赋"，即复除军赋，也是因为张晏所处的时代，延续了西汉后期甲卒之役改征赋钱的做法。东牌楼东汉户籍简（简125）记录有"筭卒九十复"，参照孙吴时期"九十复筭"的记录，如：

127. ☑ □弟公乘□年□□　筭一九[2]十 所复（陆·4564）

"筭卒九十复"的含义应当是年90岁复除算（算赋）、卒（更赋）。

三国魏如淳注③，既将"复卒"注为"复三卒之算钱"，又别注"除三夫不作甲卒"。前者理解为赋，后者理解为役。虽然赋、役经常可以互换，但结合张晏注④和晋灼注②来看，如淳之所先注"复三卒之算钱"

---

[1]《汉书》卷五一《贾山传》，第2335—2336页。
[2] "九"，原释作"五□"，今据图版改。

三、简牍时代的户口簿籍与户籍身分、赋役注记

(准确应注为"更钱"),应当也是因为他所处的三国时期卒役改为赋钱征收,而且"算赋"与"更赋"逐步趋同。

"更""算"趋同,在走马楼孙吴户籍简中有更清晰的体现,不仅"筭一"和"更一(人)"合记在同一枚户口简上,如:

128. 斗弟公乘床年廿八筭一更一(壹·3939)
129. □男弟米年四岁　□男弟□年卅筭一更一人(陆·1299)

而且户计简一起统计"筭"数和"更"数,如:

130. 凡口十五事十一　筭七事六更一(陆·1283)

"更一(人)"即吴简所记录的"更人收钱三百",如:

131. 其□人更人收钱三百□　☑(壹·9786)

132. ☐其八人更[1]人收钱三百合二千四百（壹·4755）

乡里集计简则按"更口筭钱"混合统计，如：

133. ☐右小武陵乡领四年吏民一百九十四户，口九百五十一人，收更口筭钱合☐☐一千三百卅四钱（壹·4985）[2]

134. 今年实得二百五十五户，口一千一百一十三人，收更口……十一钱（壹·9392）

135. ☐☐年领吏民户二百五十五户，口一千一百一十三人，收更口筭钱合六万二千一百一十八钱（壹·9407）[3]

---

[1] "更"，原释作"吏"，"更"与"吏"形近，今据图版改。

[2] 核对图版，笔迹漫漶残缺，"☐民"在编痕处，似有留空，当释作"户"；"吏"字之上，残存"攵"，当补释"收"，"吏"字处残存半边字迹，当释作"更"。走马楼吴简中"更"写法多样，常见其笔画"丿"出头，如吴简常见"列言更诡责"之简壹·3096、3387、9586等，"更""吏"形近易讹。

[3] "☐☐年"，原释作"☐迁里"，核对图版，"迁"字笔迹残缺不可辨识，"年"字笔迹依稀可辨，据改；"更"，原释作"☐吏"，核对图版，"更""吏"形近，"更"字上为留空，据删改。

三、简牍时代的户口簿籍与户籍身份、赋役注记

这类户口簿的功能在于征收更口算钱。[1] 其中记录的"更一(人)""更人收钱"(更赋)和"筭一""筭人收钱"(算赋)性质相同,皆为赋钱,一同集计,已无明显区别。

走马楼吴简户计简(简130)与尚德街、东牌楼东汉户籍简(简123、126)户计内容、格式大同小异,即"凡口○事○ 筭○事○ 更○(甲卒○人)",其中,吴简"更一"有时又记作"更一人"(简129),而"更一人"与"甲卒一人"(简123、126)格式相同。"甲卒"之所以改注为"更",是因为西汉昭帝以来更卒之役改为更赋征收长期演化的结果。

据此,尚德街、东牌楼东汉户籍简记录的"筭卒",其"筭"对应着"筭○事○",指算赋征收;而"卒"对应着"甲卒○人",以缴纳更赋为主。尚德街、东牌楼东汉户籍简"筭卒"的含义应是征收算赋和更赋的意思,与徭役无关。与"筭""卒"连记相同,史籍中亦多见"更""算"连记。例如,《后汉书·安

---

[1] 凌文超《走马楼吴简采集简"户籍簿"复原整理与研究——兼论吴简户籍簿的类型与功能》,收入其著《走马楼吴简采集簿书整理与研究》,广西师范大学出版社,2015年,第132—153页。

帝纪》：永初四年（110）春正月，"辛卯诏以三辅比遭寇乱，人庶流冗，除三年逋租、过更、口算、刍稿"。元初元年（114）冬十月，"乙卯，诏除三辅三岁田租、更赋、口算"。[1]《后汉书·桓帝纪》：永寿元年（155）六月，"诏太山、琅邪遇贼者，勿收租、赋，复更、算三年"。[2]

最后来看四川渠县城坝遗址 J9 户口简：[3]

136. ☑　平乡□里户人公乘郡年六十九老
　　　妻□年六十二老　　　　　☑

该简透露出一个新信息，即"老"作为身分注记在户籍之中。不过，与秦汉户籍身分"小""大"登记的位置不同，"老"不是登记在"户人"或亲属称谓

---

[1]《后汉书》卷五《安帝纪》，第214、221页。
[2]《后汉书》卷七《桓帝纪》，第301页。
[3] 四川省文物考古研究院：《宕渠之城 跃然简上——四川渠县城坝遗址考古发掘取得重大收获》，《中国文物报》2018年10月9日第4版。该文最早公布了这枚简牍的图版。四川省文物考古研究院、渠县历史博物馆：《四川渠县城坝遗址》，《考古》2019年第7期，第74页。该文公布了图版并作了部分释文。

三、简牍时代的户口簿籍与户籍身分、赋役注记

"妻"之后,而是登记在赋役注记如"筭、卒"所在的位置。这说明,东汉时期,"老"还不是与"小""大"并列的户籍身分,而是由"免老"发展而来的课役身分(详后)。

总之,在东汉中后期的户籍当中,户籍身分"小"和"大"虽然仍存在,但登记不严格,特别是男子的"小""大"身分多不登记。与户籍身分不同,赋役注记(课役身分)登记比较细致,"筭""卒""老",以及"笃癃""产子复""九十复"等都有具体的登记。东汉延续了西汉户籍身分与赋役注记(课役身分)连记的传统;同时,又有新的发展变化,如户籍身分"小""大"登记不严格,"甲卒"由役演变为赋,而"免老"衍生为"老"。

(五)孙吴户口簿籍与户籍身分、赋役注记

走马楼吴简中有大量的户口簿籍,其内容和著录格式与东汉户籍有承续关系,但又有新的变化。从目前复原、整理的吴简户口簿籍来看,其中有三类与户籍密切相关。一类是户口底帐,以乡里(籍贯)、身分、姓名、年纪、口食为基本内容;全面著录家户人口,

并有户计简；但是没有赋役注记。[1]这类户籍底帐以"嘉禾四年南乡吏民户数口食人名年纪簿"代表,[2]兹节录部分内容如下：

> 137.南乡谨列嘉禾四年吏民户数口食人名年纪簿（壹·9088/14）
>
> 138.平乐里魁谷硕谨列□□□□人名□□□☑（壹·9005/14）
>
> 139.平乐里户人大女番妾年卌八（壹·9006/14）
>
> 140. 妾子男成年五十一苦腹心病（壹·9294/14）
>
> 141. 成妻大女汝年卌三（壹·9285/14）
>
> 142. 右妾家口食三人　中訾　五　十（壹·9286/14）【注】简中"中"为朱笔。

---

[1] 具体分析请参见凌文超《走马楼吴简隐核新占民簿整理与研究——兼论孙吴户籍的基本体例》，北京大学中国古代史研究中心编《田余庆先生九十华诞颂寿论文集》，收入其著《吴简与吴制》，第71—101页。

[2] 具体整理与研究请参见凌文超《孙吴户籍之确认——以嘉禾四年南乡户籍为中心》，《简帛研究二〇一四》，收入其著《走马楼吴简采集簿书整理与研究》，第12—96页。

三、简牍时代的户口簿籍与户籍身分、赋役注记

143.平乐里户人公乘秦香年卌八（壹·9196/14）

144. 香妻大女汝年卌四（壹·9245/14）

145. 右香家口食六人　中訾　五十（壹·9742/14）【注】简中"中"为朱笔。

146.石门里户人公乘乐莴年十七（壹·9119/14）

147. 莴妻大女汝年廿五（壹·9228/14）

148. 右莴家口食二人　中訾　五十（壹·9223/14）【注】简中"中"为朱笔。

149.石门里户人公乘庐仵年卌八雀左手盲（壹·9212/14）

150. 仵妻大女絮年卌二（壹·9016/14）

151. 右仵家口食八人　訾　五十（壹·9405/14）

152.义成里户人公乘陈雅年五十囗（壹·9266/14）

153.雅妻大女纯年卌九（壹·9274/14）

154.雅兄散年五十六刑左足（壹·8893/14）

155. 右雅家口食七人　訾　五十

（壹·9376/14）

156. 义成里户人公乘番麦年卅（壹·9312/14）

157. 麦妻大女婢年卅六（壹·9281/14）

158. 宜阳里户人公乘桓彝年卅五真吏（壹·9143/14）

159. 彝子女华年六岁（壹·9431/14）

160. 彝母大女妾年五十（壹·9149/14）

161. 彝弟宜如□年廿（壹·9081/14）

162. 彝女弟阿年十三（壹·9079/14）

163. 彝户下奴士年六十三（壹·9134/14）

164. 彝户下奴健年十四（壹·9135/14）

165. 右彝家口食十人 訾 一百（壹·9055/14）

166. 宜阳里户人公乘黄高年廿五 真吏（壹·9146/14）

167. 高妻大女□年廿一（壹·9038/14）

168. 高妻大女算年廿二（壹·9067/14）

169. 高兄兴年卅一腹心病（壹·8920/14）

170. 高男弟檐年九岁（壹·9039/14）

171. ·右高家口食五人 訾□（壹·8921/14）

三、简牍时代的户口簿籍与户籍身分、赋役注记

172. 宜阳里户人公乘张厥年廿九（壹·9322/14）

173. 厥妻大女瞻年廿一（壹·9408/14）

174. 厥男弟世年十一踵两足（壹·9374/14）

175. 世男弟易年七岁（壹·9459/14）

176. 易男弟闻年四岁（壹·9375/14）

177. 右厥家口食五人　中訾　五　十（壹·9366/14）【注】简中"中"为朱笔。

178. 宜阳里户人公乘刘高年廿八（壹·9339/14）

179. 高妻大女汝年廿六（壹·9425/14）

180. 高子女姑年六岁（壹·9377/14）

181. 高男弟遣年四岁　☐（壹·9664/14）

182. 高女弟买年☐（壹·9318/14 四岁）

183. 高妻兄张年六十二（壹·9430/14）

184. 右高家口食六人　訾　五　十（壹·9292/14）

185. 宜阳里户人公乘周秃年五十七（壹·9409/14）

186. 秃妻大女思年廿六（壹·9398/14）

187. 右秃家口食四人　中訾　五　十（壹·9026/14）【注】简中"中"为朱笔。

这类户籍底帐与东汉户籍相比，相近之处是，户籍身分"小""大"登记不严格。孙吴户籍底帐除了比较齐整地登记"大女"外，"大男、小男、小女"均未见登记。不仅如此，该簿书中的石门里、平乐里、义成里户口简皆没有赋役注记。宜阳里部分成年男子虽然注记了"真吏"，但这很可能只是其里魁个人所为，从其他属里的登记情况来看，"真吏"注记对于整个南乡吏民户数口食人名年纪簿而言，当并无实际的意义。总的来看，这类户籍底帐主要提供乡里、姓名、年龄、口食等基本信息，与赋役征派无关。

第二类是在户籍底帐的基础上制作的征赋（更口筭钱）户籍簿，以"凡口○事○　筭○事○　更○"为户计简。征赋户籍簿以"嘉禾四年小武陵乡吏民人名妻子年纪簿"为代表，[1] 兹节录部分内容如下：

---

[1] 具体整理与研究请参见凌文超《走马楼吴简采集简"户籍簿"复原整理与研究——兼论吴简户籍簿的类型与功能》，收入其著《走马楼吴简采集簿书整理与研究》，广西师范大学出版社，2015年，第96—153页。

三、简牍时代的户口簿籍与户籍身分、赋役注记

188. 小武陵乡谨列嘉禾四年吏民人名妻子年纪簿(壹·10153·3)

189. 吉阳里户人公乘孙潘年卅五筭一(壹·10381·130)

190. 潘妻大女莴年十九筭一(壹·10382·131)

191. 潘子女□年五岁(壹·10379·128)

192. 凡口三事二 筭二事 訾 五 十(壹·10380·129)

193. 吉阳里户人公乘董得年五十一筭一(壹·10371·120)

194. 得妻大女难年卅九筭一(壹·10356·101)

195. 得子男贞年七岁(壹·10358·103)

196. 吉阳里户人公乘殷叙年八十一(壹·10094)

197. 叙妻大女妾年七十一(壹·10093)

198. 凡口二事一 訾 五 十(壹·10092)

199. ·右吉阳里领吏民卅六户口食一百七十三人(壹·10397·146)

200.高迁里户人公乘五将年卅五算一（壹·10407·156）

201.将妻大女□年卅一算一（壹·10408·157）

202.将妻大女筭年廿五算一（壹·10409·158）

203.将子男角年七岁（壹·10410·159）

204.高迁里户人公乘张乔年卅算一给县吏（壹·10412·161）

205.乔妻大女健年廿五算一（壹·10415·164）

206.乔子女土年二岁（壹·10399·148）

207.乔兄□年廿八筭一刑左足（壹·10400·149）

208.高迁里户人公乘聂首年七十五（壹·10449·198）

209.首妻大女姑年六十七（壹·10419·168）

210.首子女泠年五岁（壹·10420·169）

211.·右高迁里领吏民卅八户，口食一百八十人（壹·10229）

三、简牍时代的户口簿籍与户籍身分、赋役注记

212. 东阳里户人公乘烝得年八十四（壹·10271·28）

213. 得妻大女思年六十六（壹·10270·27）

214. 东阳里户人公乘烝敦年卅一筭一刑左手（壹·10269·26）

215. 敦妻大女思年卅七筭一（壹·10264·20）

216. 敦子女直年五岁（壹·10261·17）

217. 平阳里户人公乘刘战年五十八刑两足（壹·10475·216）

218. 战妻大女取年卅一筭一（壹·10485·230）

219. 战姪子女糸年八岁（壹·10486·231）

220. 平阳里户人公乘朱佃年六十一（壹·10476·219）

221. 佃妻大女毕年五十八筭一（壹·10477·220）

222. 佃子男忩年九岁（壹·10484·229）

223. 忩女弟咀年七岁（壹·10482·227）

224. 平阳里户人公乘烝平年卅二筭一肿两足（壹·10480·225）

225. 平母大女妾年七十（壹·10479·224）

226. 平妻大女取年廿八算一（壹·10481·226）

227. 平子男各年七岁（壹·10488·234）【注】简中有朱笔涂痕。

228.·右平阳里领吏民卅六户，口食□百□□人（壹·10248·4）

与孙吴户籍底帐相同，该征赋户籍簿对户籍身分"小""大"登记也不严格，除"大女"多有登记之外，其他户籍身分"小男、女""大男"极少登记。

与孙吴户籍底帐不同，该征赋户籍簿有不少赋役注记。特别是"算一"注记相当详尽，"算人收钱"的男女无论残疾、给吏、复与否都注记"算一"，且其户计简"算○事○"对算数进行了统计。注重登记"算一"是这类簿书最明显的特征。户计简"凡口○事○ 算○事○ 更○"的具体含义应当是："口"指"口食"，即家庭的总人数，前"事"当指缴纳大口钱的人数。"算"指制度上规定的纳算人数，而后"事"则指实际缴纳算钱的人数，"更"为缴纳更钱的人数。这类簿书的统

三、简牍时代的户口簿籍与户籍身分、赋役注记

计简如下:

229.☑右小武陵乡领四年吏民一百九十四户,口九百五十一人,收更口筭钱合☐☐一千三百卅四钱(壹·4985)

其下可能有按"小口""大口""筭人""更人"进行分计的统计简,诸如此类:

230.·其廿八人小口(贰·4513)

231.其一百六十五人大☐(口)(贰·4653)

232.其七十三人筭人·(贰·4643)

233.·其五百六十一人小口(?)收钱五,合三千二百八十钱(贰·4408)

234.其三百卅四人小口,夂收钱五,合一千六百七十(壹·4436)

235.其六百八人大口,夂收钱廿八,合一万七千廿四钱(壹·4464)

236.其二百五十二人筭人收钱一百廿,合三万二百卅(壹·4980)

237. 其☐百廿人筭人收钱百廿[1] ☒（壹·9791）

238. 其☐人更人收钱三百☐ ☒（壹·9786）

239. 其八人更人收钱三百合二千四百（壹·4755）

其中，简233、简234、简235、简236、简239与简229皆为采集简第11盆中的散简。从数值关系来看，简234、简235、简236、简239可能是简229的分计简。[2]

总之，这类簿书是为征收"更口筭钱"而制作的户籍簿。从户计简来看，其性质与尚德街、东牌楼东汉户籍简应当基本相同。

第三类是在户籍底帐的基础上制作的派役户籍簿，以"右〇家口食〇"为户计简，且有调役的统计。派役户籍簿以"嘉禾六年广成乡吏民人名年纪口食簿"

---

[1] "廿"，原释作"卅"，核对图版，笔迹不清晰，"卅"中间一笔似为干扰痕迹，据改。

[2] 参见连先用《走马楼吴简所见吏民簿的复原、整理与研究——以发掘简为中心》，吉林大学博士学位论文，2018年，第292页。

三、简牍时代的户口簿籍与户籍身分、赋役注记

为代表,[1] 兹节录部分内容如下:

240.广成乡谨列嘉禾六年吏民人名年纪口食为簿(貳·1798·207)

241.广成里谨列领任吏民人名年纪口食为簿(貳·1797·206)

242.民男子杨秃年六十　秃妻大女姑年卌九筭一(貳·1795·204)

243.　秃子仕伍白年四岁　秃弟公乘期年五十腹心病(貳·1799·208)

---

[1] 具体整理与研究请参见侯旭东《长沙走马楼吴简〈竹简〔貳〕〉"吏民人名年纪口食簿"复原的初步研究》,《长沙走马楼吴简"嘉禾六年(广成乡)弦里吏民人名年纪口食簿"集成研究:三世纪初江南乡里管理一瞥》,皆收入其著《近观中古史——侯旭东自选集》,中西书局,2015年,第81—142页。鹫尾祐子《长沙走马楼吴简连记式名籍简的检讨—家族的记录について—》,立命馆东洋史学会《中国古代史论丛》第7集,2010年,第53—95页,中译稿《长沙走马楼吴简连式名籍简的探讨——关于家族的记录》,《吴简研究》第3辑,中华书局,第65—87页;鹫尾祐子:《资料集:三世纪的长沙における吏民の世带—走马楼吴简吏民簿の户の复原—》"吏民簿2",东京外国语大学アジア·アフリカ言语文化研究所,2017年,第29—71页。关尾史郎《长沙吴简吏民簿の研究(上)—「嘉禾六(二三七)年广成乡吏民簿」の复元と分析—》,新潟大学人文学部《人文科学研究》第137辑,2015年,第27—98页。

244. □妻事年卅八筭一　秃母大女妾年八十四（贰·1796·205）

245.民男子杨明年八十六给驿兵　明妻大女敬年六十二（贰·1778·179）

246．明子公乘秃年十一　明姪子女钱年十三（贰·1780·181）

247.民男子朱贤年六十一□□　贤妻大女□年五十九□□（贰·1768·163）

248．·贤子女姑年十六筭一　姑弟公乘狗年十二　☒（贰·1769·164）

249．右贤家口食四人（贰·1770·165）

250.民男子范宜年卅二刑右足　宜妻大女姑年卅二筭一（贰·1764·157）

251．·宜子女从年五岁　·从弟仕伍足年四岁　·（贰·1758·149）

252．右宜家口食五人　·（贰·1756·147）

253.民男子蔡乔年六十二给驿兵　桥妻大女典年卅八筭（贰·1903）

254．·桥子公乘种（？）年廿（？）二腹心病　种妻大女孙年十六筭一（贰·1759·152）

三、简牍时代的户口簿籍与户籍身分、赋役注记

255. 种弟仕伍咨（？）年五岁刑右足 憍（？）小妻大女□年卅一踵（肿）足（贰·1752·139）

256. 民男子李几年卅一 儿妻大女智（？）卅八筭[1]（贰·1707·69）

257. 儿子女小年七岁·（贰·1695·56）

258. ·右儿家口食三人·（贰·1709·71）

259. 州吏吕次年卅七 次妻大女亲年卅三（贰·1714·78）

260. 次子仕伍孙年六岁 孙弟仕伍休年四岁（贰·1631）

261. 次弟公乘材（？）年七岁 次户下奴吉长六尺（贰·2217）

262. 县吏邓橎（潘）年廿七 潘妻大女金年廿一筭（贰·1729·100/16）

263. 潘父九年七十二雍（癰）病 九妻大女陵年五十四（贰·1940）

264. 潘（？）弟公乘桥年十八盲左目　桥

---
[1] "筭"后原有"聋"，核对图版，并无"聋"字，今据删。

妻大女连年十九筭一（贰·1727·98）

265. 桥弟仕伍□年四岁（贰·1726·97）

266. 郡吏黄莴年廿五　莴父公乘署年五十七（贰·1720·90）

267. 署妻大女客年五十三　署子公乘解年十三荆目（贰·1719·89）

268. 解妻大女顷年十五踵（肿）　解弟士伍致（？）年八岁腹心病（贰·1718·88）

269. 署姪子女咄年十二（贰·1722·92）

"嘉禾六年广成乡吏民人名年纪口食簿"对户籍身分"小""大"登记亦不严格，只有"大女"多有登记。年幼男子多记作"士伍"，年十多岁以上的男子或记"公乘"，户主一般记"吏""民"身分。不仅如此，该簿书对"筭一"的注记不严格，但是，对"吏"之身分，以及"给役"的注记相当详细。从该簿书的结计简来看：

270. 右广成里领吏民五十户口食二百九十□人（贰·1671）

三、简牍时代的户口簿籍与户籍身分、赋役注记

271. 其一户给朝丞(贰・1702・63)

272. 其二户给郡园父 ・(贰・1701・62)

273. 其五户尪羸老顿贫穷女户(贰・1705・67)

274. ☒ ・定应役民廿户(贰・1704・66)

275. 魁蔡乔主(贰・1700・61/16)

制作该簿书是为了派役。因此,这类簿书对"给吏""给役"等派役注记有详细的登记。

走马楼吴简中派役户籍簿比较多,格式也不尽相同。另举一件结计简比较完整但格式不同的嘉禾六年都乡派役户籍簿,[1]兹节录常迁里的相关内容如下:

276. 常迁里户人公乘陈丞年六十四……
……九月囗日被病物故(柒・4808・图41・102)

---

[1] 具体整理与研究请参见连先用《吴简所见临湘"都乡吏民簿"里计简的初步复原与研究——兼论孙吴初期县辖民户的徭役负担与身分类型》,《简帛研究二〇一七(秋冬卷)》,广西师范大学出版社,2018年,第219—314页;连先用:《走马楼吴简所见吏民簿的复原、整理与研究——以发掘简为中心》,吉林大学博士学位论文,2018年,第115—119页。

277. 常迁里户人公乘张乐年廿五给县吏（柒·5952·图42·996）

278. 乐妻男弟儿年廿七筭一（捌·1653·图5·991）

279. 儿妻汝年十七筭一（捌·1654·图5·992）

280. 儿男弟紫年十五聋两耳（捌·1655·图5·993）

281. 乐男姪别年十一岁一名擎刑左手（捌·1656·图5·994）

282. 乐男姪吕舟年廿 盲佐目（捌·1657·图5·995）

283. 舟妻大女思年十五筭一（捌·1658·图5·996）

284. 乐男姪众年二岁（捌·1678·图5·1016）

285. 乐男姪佃年六岁（捌·1681·图5·1019）

286. 常迁里户人公乘烝枯年廿一雀右手指给郡吏（捌·725·图5·63）

287. 常迁里户人公乘石宜年五十一刑佐手给县卒（捌·1700·图5·1038）

288. 常迁里户人公乘张延年廿五给县吏

三、简牍时代的户口簿籍与户籍身分、赋役注记

（捌·1742·图5·1080）

289.常迁里户人公乘孙赤年卅六算一（捌·1820·图5·1158）

290. 赤妻大女须年卅九　□月三日被病物故（捌·1821·图5·1159）

291. 赤外父胡南年六十苦风病（捌·2040·图5·1378）

292.集凡常迁里魁黄春领吏民五十户口食四百廿二人（柒·5454·图42·498）

293.其十四人前后被病物故（柒·5453·图42·497）

294.定领见人四百八人　其二百六十二人男一百卅六人女（柒·5452·图42·496）

295.其四户郡县吏（柒·5451·图42·495）

296.其一户县卒（柒·5450·图42·494）

297.其二户私学帅客（柒·5477·图42·521）

298.其一户刘口驿兵（柒·5492·图42·536）

299.其五户贫羸老顿不任役（柒·5491·图

42·535）

300.定领事役民卅七户（柒·5513·图42·557）

301.魁黄春主（柒·5512·图42·556）

嘉禾六年都乡常迁里派役户籍簿户人格式与"嘉禾四年小武陵乡吏民人名妻子年纪簿"（征赋户籍簿）基本相同，而与"嘉禾六年广成乡吏民人名年纪口食簿"（派役户籍簿）不同，但是，其功能却与后者相同，都是为了派役。其里计简简293—300统计了物故、给吏役和复除的情况，且与户口简简276—291有对应关系。简300则统计了应役民户。两类派役户籍簿的户籍身分和赋役注记基本相同。

走马楼吴简户口简中还出现了"老""丁"等身分，这类迹象与丁中身分的衍生直接相关。关于这一点，下一章再详论。

总而言之，走马楼吴简中所见的比较全面登录户口信息的户口簿籍有三类：一类是户籍底帐，主要登记乡里户口、人名、年纪，为户籍底帐；二类是征赋（更口筭钱）户籍簿，主要是在户籍底帐的基础上整齐

三、简牍时代的户口簿籍与户籍身分、赋役注记

地添加"筭一""更一"等注记,并按"小口""大口""筭人""更人"及其收钱数进行结计,与尚德街、东牌楼东汉户籍简具有源流关系;三类是派役户籍簿,也是在户籍底帐的基础上,详细地添加各类"给吏"(或"吏"之身分)、"给役"注记,并按各类吏役及应役民分别进行结计。第三类派役户籍簿不见于迄今所见的汉代户籍简,但松柏汉简免老簿、新傅簿、罢癃簿、见(现)卒簿、置吏卒簿以及青岛土山屯西汉简"堂邑元寿二年要具簿"中记录的"卒复除徭使""定更卒"人数应当就是在这类派役户籍簿的基础上结计而成的,我们期待早日发现注记徭役的汉代户籍简。

这三类孙吴户口簿籍登记户籍身分的情况基本相同,多按婚姻情况登记"大女"身分,较少登记"小女"身分,男子"小""大"户籍身分多不记录,多记"士伍""公乘"爵制身分(然而,爵制意义几乎消失)以及吏役等课役身分;赋、役注记(课役身分)相比汉代更加细致,也有一些变化,如派役户籍簿中全然不见汉代"甲卒""新傅""免老""睆老""罢癃"等课役身分,而是具体给吏、给役等的注记。

四、从户籍、课役身分到丁中身分

西晋"丁中制"的创立,与秦汉三国时期户籍制度、爵制、赋役制度等的发展变迁息息相关。丁中身分的形成,是探讨"丁中制"之衍生的主要线索。秦汉魏晋时期,户籍身分、赋役注记(课役身分)逐步摆脱爵制的影响,进而相互演化、融合,逐渐萌生出兼具个人身分与赋役义务的丁中身分。这一演变过程是本章重点论证的内容。

(一)户籍身分"小""大"的演化

秦汉户籍身分"小""大"是丁中身分的直接源头,比较原始而粗糙。秦汉户籍身分"小""大"两分,而

四、从户籍、课役身分到丁中身分

西晋以后丁中身分细密,四分为"丁""中""老""小",这是两者最明显的区别之一。

户籍身分之所以一开始只有简单的"小""大"之分,是因为在春秋战国户籍制形成之时,延续了之前赋役征派以土地、家户为主要对象的传统。虽然当时按个别人身征赋派役已经开始,但是,由于传统的惯性和管理技术的局限,人口要发展成为主要的课役对象,还需要经历一段历史时期。

先秦赋役征派的依据既有田地等级的高低,又有家户人口之多少,在这种情况下,对个别人身进行细致的区分并不急切需要。反映在战国秦至汉初的"户籍"之上,即作为课役底帐的"户籍"由分别登记户、口、田地、赋役等册籍构成,且对个人仅区分了"小""大"身分,这与我们通常所理解的详细登记户口信息的"户籍"大不相同。

秦汉户籍身分"小""大"主要区分是否可以徭使,并不表示固定的赋役义务,而西晋以后丁中身分兼具特定的赋役义务及身分标识,这是两者的区别之二。

秦汉三国户籍身分"大"涵括了免老,且半役混杂在"小""大"之中,以致赋役征派无法直接利用

"小""大"身分进行精准课役。当时一般情况下，正常的徭役针对的是大男，男子年15岁以上至新傅服少数特殊的徭役，只有紧急、非常之时，才使事小男和女子；更口筭钱的征收虽然与大、小男女都有关联，但征收格局与户籍身分"小""大"也不契合。

由于户籍身分"小""大"一开始并不是用来直接课役，随着田地、家户在课役方面的作用逐渐消退，人口进而成为汉代的主要课役对象，这时就越来越迫切地需要在户籍身分"小""大"之外创设新的准确的课役身分。从两汉三国律令文书和户口簿籍来看，具有固定征课内涵的"新傅""睆老""免老""罢癃""甲卒""筭人""复"以及后来各类特定的"给吏""给役"等，开始作为赋役注记登入户籍，并逐渐演进成为课役身分"筭人""甲卒（更人）""老"以及"吏"等。这类赋役注记代表着精准的赋役义务，演化而来的课役身分逐渐兼具赋役义务与身分标识。于是，过去那种原始、粗糙且不蕴含特定赋役义务的户籍身分"小""大"逐渐从户籍中消退，无论记或不记，对于实际的赋役征派影响不大。

具体而言，在秦和西汉前中期的户口簿籍中，比

四、从户籍、课役身分到丁中身分

较整齐地登记户籍身分"小""大"(参见简76—93),且按大、小男女口进行结计(参见简99、100)。随着赋役注记的登录,户籍身分"小""大"在户口簿籍逐渐不再严格著录。在西汉中后期的户口集计中,不再逐一详细地统计大、小男和大、小女人数,例如:

302. 户口簿:·户凡九千一百六十九少前,口四万九百七十少前。·南[1]乡户千七百八十三、口七千七百九十五,都乡户二千三百九十八、口万八百一十九,杨池乡户千四百五十一、口六千三百廿八,鞠(?)乡户八百八十、口四千五,垣雍北乡户千三百七十五、口六千三百五十四,垣雍南乡户千二百八十二、口五千六百六十九。[2] (天长汉简)

303. 乐浪郡初元四年县别户口多少集簿:朝鲜户九千六百七十八,多前九十三;口

---

[1] "南",原释作"东",据胡平生意见改。参见其作《天长安乐汉简〈户口簿〉"垣雍"考》,简帛网,2010年2月3日。
[2] 天长市文物管理所、天长市博物馆:《安徽天长西汉墓发掘简报》,《文物》2006年第11期,第11页。

五万六千八百九十，多前千八百六十二。訷邯户二千二百八十四，多前卅四；口万四千三百卅七，多前四百六十七。增地户五百卅八，多前廿；口三千三百五十三，多前七十一。黏蝉户千卅九，多前十三；口六千三百卅二，多前二百六。驷望户千二百一十三，多前十一；口七千三百九十一，多前二百七十八。屯有户四千八百卅六，多前五十九；口二万一千九百六，多前二百七十三。带方户四千三百卅六，多前五十三；口二万八千九百卅一，多前五百七十四。列口户八百一十七，多前十五；口五千二百卅一，多前百七十。长岑户六百八十三，多前九；口四千九百卅二，多前百六十一。海冥户三百卅八，多前七；口二千四百九十二，多前九十一。昭明户六百卅三，多前十；口四千四百卅五，多前百卅七。提奚户百七十三，多前四；口千三百三，多前卅七。含资户三百卅三，多前十；口二千八百一十三，多前百九。遂成户三千五，多前五十三；口万九千九十二，多前六百卅。镂方户二千三百卅五，多前卅九；

四、从户籍、课役身分到丁中身分

口万六千六百廿一，多前三百卅三。浑弥户千七百五十八，多前卅八；口万三千二百五十八，多前三百五十五。溟水户千一百五十二，多前廿八；口八千八百卅七，多前二百九十七。莙列户千九百八十八，多前卅六；口万六千三百卅，多前五百卅七。东畹户二百七十九，多前八；口二千一十三，多前六十一。蚕台户五百卅四，多前十七；口四千一百五十四，多前百卅九。不而户千五百六十四，多前五；口万二千三百卅八，多前四百一。华丽户千二百九十一，多前八；口九千一百一十四，多前三百八。邪头昧户千二百卅四，如前；口万二百八十五，多前三百卅三。前莫户五百卅四，多前二；口三千二，多前卅六。夫租户千一百五十，多前二；口五千一百十一，多前九。·凡户四万三千八百卅五，多前五百八十四；口廿八万三百六十一。其户三万七千□□卅四，口廿四万二千

□□□□□□□。[1]（贞柏洞汉简）

304.集簿：……户廿六万六千二百九十，多前二千六百廿九，其户万一千六百六十二获流；口百卅九万七千三百卌三，其？四万二千七百五十二获流……男子七十万六千六十四？人，女子六十八万八千一卌二人，女子多前七千九百廿六。年八十以上三万三千八百七十一，六岁以下廿六万二千五百八十八，凡廿九万六千四百五十九；年九十以上万一千六百七十人，年七十以上受杖二千八百廿三人，凡万四千四百九十三，多前七百一十八。[2]（尹湾汉简）

305.·堂邑元寿二年要具簿：……户二万五千七，多前二百卌七；口十三万二千一百四，其三百卅奴婢，少前千六百八。复口

---

[1] 释文参见杨振红、尹在硕《韩半岛出土简牍与韩国庆州、扶余木简释文补正》，《简帛研究二〇〇七》，广西师范大学出版社，2010年，第281—288页；郑威《汉帝国空间边缘的伸缩：以乐浪郡的变迁为例》，《社会科学》2016年第11期，第136—139页。

[2] 连云港市博物馆、中国社会科学院简帛研究中心、东海县博物馆、中国文物研究所编《尹湾汉墓简牍》，中华书局，1997年，第77—78页。

四、从户籍、课役身分到丁中身分

三万三千九十四,定事口九万九千一十,少前五百卌四[1](青岛土山屯汉简)

天长汉简(西汉中期)东阳县"户口簿"(简302)仅统计了辖乡的户、口数,不再按大、小男女进行结计。之所以如此,恐怕是因为作为统计底帐的户籍中已不再整齐地注记"小""大"身分,从乡里结计开始,就不再按大、小男女进行统计。不过,该牍背面的"筭簿"(简108)具体登记了"事筭""复筭"的人数,透露出当时的户口簿籍开始注记和结计"筭"数。"筭(人)"作为具体的赋役征派注记和身分,其重要性逐渐超过户籍身分"小""大"。

与天长汉简"户口簿"一样,朝鲜平壤贞柏洞汉简"乐浪郡初元四年(前45)县别户口多少集簿"也仅按户、口进行集计,未见大、小男女数的分计。这也是户籍身分"小""大"功能消退的体现。

尹湾汉简(西汉成帝时期)东海郡"集簿"集计户、口数时,虽然分计男、女人数,但也未见"小""大"

---

[1] 山东青岛文物保护研究所、黄岛区博物馆《山东青岛土山屯墓群四号封土与墓葬的发掘》,《考古学报》2019年第3期,第426—427页。

之分。对于年70、80、90岁以上和年6岁以下人数的统计，应与赋役复除、优免有关，归根结底，也应是对户口"复"除一类注记的集计。"筭""复"一类实际赋役注记与户籍身分"小""大"逐渐呈现此起彼落的态势。

青岛土山屯汉简汉哀帝"堂邑元寿二年（前1）要具簿"集计户口时亦未见"小""大"分计，但有"复口""事口"以及"筭""复除罢癃筭""事筭"和"卒""罢癃、睆老卒""见甲卒""卒复除徭使""定更卒"等具体赋役的结计。课役身分的重要性日益凸显，进而逐渐取代户籍身分"小""大"。

户口集簿不再按大、小男女分别集计，实际上是户籍不再严格登记"小""大"身分的反映。在西汉中后期西北边塞汉简中，依据户籍制作的"家属符"，虽然有的仍然比较细致地记录户籍身分"小""大"（简115—120），但是，有的忽视大、小男女身分的记录（参见简121），又如：

306.橐他沙上隧长鲁钦建平元年（前6）正月家属符：妻昭武便处里鲁请年十九（73EJT37:754）

四、从户籍、课役身分到丁中身分

307. 建平二年家属符：子男临年十六，子女召年廿，子女青年二岁，子女骄年十三；子妇君阳年廿三，子女君乘来年八，子男钦年三岁（73EJT37:755）

一般而言，"家属符"对"大女"的登记最为详细，然而，简306、307中连"大女"都不记，这大抵反映了西汉后期户籍身分"小""大"标识身分的功能逐渐为课役身分所取代的史实。

东汉、三国户籍延续了这一趋势，无论是东汉户籍简（简123—126），还是孙吴户籍简（简139—301），户籍身分"小""大"登记可有可无（大男、小男、小女很少登记，大女登记较多，但也有不记的情况，如简244、279），也没有大、小男女口的结计。户籍对"大""小"身分的登记名存实亡，最终被丁中身分取代。

总而言之，秦汉三国时期，户籍身分"小""大"与赋役注记（课役身分）呈现此消彼长的发展趋势。户籍身分"小""大"从户籍中逐渐退出，大约在西汉中期以后，户籍身分"小""大"在户籍中不再严格著录，其身分标识功能，先后为爵位、婚姻情况、赋役注记、课役身分、丁中身分所取代。

(二)户籍身分与赋役注记大致对应而不契合

户籍身分"小""大"虽然并不直接表示赋役征派(先秦以来土地、家户作为主要的征课依据),但是,"小"与"大"粗略地区分了不可以任使与可以任使。随着秦汉赋役征派逐渐向个体人身集中,即使户籍身分"小""大"之分原始、粗糙,秦汉官方也未根据现实课役的需要,创设新的准确的户籍身分,改变"小""大"两分的格局;而是在"小""大"框架内,叠加赋役注记实现课役。

不过,在赋役征派过程中,户籍身分"小""大"内涵发生了一些改变。户籍身分"小""大"一开始表示以身高6尺=年15岁为界的大、小男女(自然身分),后来筭人收钱也是以此为界。然而,徭役尤其是兵役的征发与此不同,一方面与女性无直接关系,另一方面主要兴发正卒。为了适应男子发役的需要,男子户籍身分"小""大"之分逐渐以"傅"为界,并受到爵

四、从户籍、课役身分到丁中身分

制的影响(社会身分)。[1]一般而言,秦汉赋役征派集中在大男、大女身上,至于具体课征对象是自然身分"大",还是社会身分"大",则应具体问题具体分析。

户籍身分"小""大"划分相对粗糙,而赋役制度的规定相对细密,反映在户籍当中就是户籍身分与赋役注记只是大致对应而不切合。先来看汉代的算赋制度。汉代口算钱征收格局,传世文献有直接的记载:

> 《汉仪注》:民年十五以上至五十六出赋钱,人百二十为一算,为治库兵车马。[2]
>
> 《汉仪注》:民年七岁至十四出口赋钱,人二十三。二十钱以食天子,其三钱者,武帝加口钱以补车骑马。[3]
>
> (贡)禹以为古民亡赋算口钱,起武帝征伐四夷,重赋于民,民产子三岁则出口钱,故民重困,

---

[1] 具体分析请参见凌文超:《秦汉时期两类"小""大"身分说》,《古代文明与学术研讨会论文集》,浙江杭州,2019年9月21—22日。
[2] 《汉书》卷一上《高帝纪上》"(四年)八月,初为算赋",注引如淳曰,第46页。
[3] 《汉书》卷七《昭帝纪》(元凤)四年春正月丁亥令,"毋收四年、五年口赋",注引如淳曰,第229—230页。

至于生子辄杀,甚可悲痛。宜令儿七岁去齿乃出口钱,年二十乃算……天子下其议,令民产子七岁乃出口钱,自此始。[1]

汉元帝时期形成了年7岁始出口钱、年15—56岁纳算的口算钱征收格局,[2]并在一段时期内基本得以维持。如东汉王充《论衡·谢短篇》云:"年二十三儒(傅),十五赋,七岁头钱二十三,何缘?"[3]又如尹湾汉简《集簿》统计年6岁以下无须口钱的人数,也会统计年80、90岁以上能复算的人数,[4]后者即汉武帝建元元年(前140)春二月规定"年八十复二算,九十复甲卒"的反映。[5]年八十复算至孙吴仍在推行(参简110—112)。

无论是武帝时期的年3岁开始出口钱,还是汉元

---

[1] 《汉书》卷七二《贡禹传》,第3075、3079页。
[2] 关于秦汉算赋的形成及其征收格局,可参见加藤繁《关于算赋的小研究》,《中国经济史考证(上)》,第127—142页。
[3] 黄晖撰《论衡校释》卷一二《谢短篇》,中华书局,1990年,第568页。
[4] 连云港市博物馆、中国社会科学院简帛研究中心、东海县博物馆、中国文物研究所编《尹湾汉墓简牍》,第78页。
[5] 《汉书》卷六《武帝纪》,第156页。《汉书》卷五一《贾山传》(第2335—2336页)云:"礼高年,九十者一子不事,八十者二算不事。"

四、从户籍、课役身分到丁中身分

帝时形成定制的年 7—14 岁出口钱,年 15—56 岁出算赋,均与户籍身分"小""大"不完全对应,"小"还包括年 1—6 岁,"大"还包括年 57 岁以上。

口算钱制度后来又有所调整。《水经·湘水注》引《零陵先贤传》曰:"汉末多事,国用不足,产子一岁,辄出口钱,民多不举子。"[1] 汉末改由民年 1—14 岁出口钱,至此征课口钱与户籍身分"小"完全对应。吴简所记的"小口收钱"(简 231、232)可能延续了这种做法。

算钱后来可能也有所调整。《周礼注疏·天官冢宰·大宰》曰:

> 以九赋敛财贿:一曰邦中之赋,二曰四郊之赋,三曰邦甸之赋,四曰家削之赋,五曰邦县之赋,六曰邦都之赋,七曰关市之赋,八曰山泽之赋,九曰币余之赋。
>
> (郑)玄谓赋,口率出泉也。今之算泉,民或谓之赋,此其旧名与?

---

[1] 陈桥驿校证《水经注校证》卷三八《湘水》,中华书局,2007 年,第 892 页。

贾公彦疏:"是以郑君引汉法,民年二十五已上至六十出口赋钱,人百二十以为算。故郑于此注亦云'今之算泉,民或谓之赋,此其旧名与'。"[1]

贾公彦疏提到的"汉法'民年二十五已上至六十出口赋钱'",与三国魏如淳所引东汉卫宏《汉仪注》的说法不同,历来不为学界所采信。[2]例如,沈家本《汉律摭遗·户律一》云:

如(淳)注所引《汉仪注》自十五以上至五十六人出一算,其未满十五者则自七岁至十四出口赋钱也。二法年岁相接,汉法如是。贾疏所称汉法,谓郑注《司会》所引,而《司会》无此注文,其年岁与如注不合。郑君汉人,所言不应奇异。《通典》《通志》诸书所引并是如注,自当以如注为准。《汉旧仪》材官、楼船年五十六老衰乃得免为庶民,

---

[1] (唐)贾公彦等撰《周礼注疏》卷二《官宰冢·大宰》,(清)阮元校刻《十三经注疏》,中华书局影印本,1980年,第647页下栏。
[2] 孙诒让即认为:"贾疏谓汉法民年二十五已上至六十出口赋钱,人百二十以为算。与卫说小异,当以卫为正。"(清)孙诒让撰《周礼正义》卷三《天官宰冢·大宰》,第94页。

四、从户籍、课役身分到丁中身分

与前注亦合也。[1]

贾疏所谓郑玄引"汉法"云,民年25岁始出算赋,无论是东汉卫宏《汉仪注》的记载,还是走马楼吴简中的大量记录(如前引简283即孙吴民年15岁纳算的例证),均表明贾疏所云年25岁出算赋难以成立。疑"年二十五"之"二"为衍文。

不过,贾疏提到的郑玄所谓年60岁乃纳算之最大年龄,很可能是东汉时期算赋制度经过调整的结果。在走马楼吴简中就有诸多年57—60岁吏民注记"筭一"的简例,例如:

308. ☑里户人公乘陈度年五十七筭一　☑(贰·3250)

309. ☐妻大女姑年五十七筭一　☑(叁·5648)

310. 果母小五十七筭一(肆·405)【注】"小"下脱"年"字。

---

[1] (清)沈家本撰,邓经元、骈宇骞点校《汉律摭遗》卷一四《户律一》《历代刑法考》第3册,中华书局,1985年,第1625—1626页。

311. 转母☐年五十七算一（肆·1088）

312. 妻羊年五十七算一（伍·3310）

313. 大妻思年五十七算一（陆·1456）

314. 春平里男子五双年五十七 算一（陆·1488）

315. 嘉禾五年常迁里户人公乘唐替年五十七算一……（柒·1168）

316. 钱妻妾年五十七算一（捌·928）

317. 高迁里户人公乘区蒁年五十七 算一（捌·973）

318. 高迁里户人公乘邓兰年五十七算一（捌·1434）

319. 常迁里户人公乘京还年五十七 算一（捌·1813）

320. 变中里户人公乘张范年五十七算一（捌·2222）

321. 妻大女☐年五十八算一肿两足复（壹·3938）

322. ☐年五十八算一（壹·8747）

323. 妻鼠年五十八算一（壹·9502）

四、从户籍、课役身分到丁中身分

324. 东阳里户人公乘谢讫年五十八筭一刑两手（壹·9764）

325. 石妻婢年五十八筭一（壹·10001）

326. 佃妻大女毕年五十八筭一（壹·10477）

327. 安阳里户人公乘何掓（？）年五十八筭一（贰·4677）

328. 常迁里户人公乘米得年五十八筭一肿两足 □（叁·3055）

329. 常迁里户人公乘□□年五十八筭一（叁·5704）

330. □妻大女弘年五十八 筭一踵两足（叁·6856）

331. 阳贵里户人公乘吴□丁年五十八筭一（肆·1732）

332. 嘉禾五年常迁里户人公乘信烝年五十八筭一（柒·1078）

333. 常迁里户人公乘信㥦年五十八 筭一（捌·1396）

334. 嘉禾五年常迁里户人唐丁年五十八筭一（柒·1115）

335.常迁里户人公乘唐丁年五十八算一（捌·1728）

336.阳贵里户人公乘吴初年五十八算一　初妻思年卅一算一（柒·1728）

337.潊小父文年五十八算一（捌·1129）

338.妻婢年五十八算一（捌·1228）

339.宜母罗年五十九算一　☑（壹·9224）

340.☑　桐母仅年五十九算一☑（贰·2516）

341.嘉禾五年绪中里户人公乘区□年五十九算一（肆·51）

342.・布寡嫂奴年五十九算一（陆·1450）

343.富贵里户人公乘郑浬年五十九　算一（捌·2016）

344.夫秋里户人公乘龚豪（？）年五十九算一（捌·2190）

345.☑得母善年六十算一[1]（叁·6362）

346.曼㪜里户人公乘□□年六十算一[2]（伍·3242）

---

[1] 核对图版，"算一"不清晰。或原写作"五"，后改为"七"，两字叠压。
[2] "六十算一"，核对图版，笔迹残缺，难以辨识。

四、从户籍、课役身分到丁中身分

347.子妻姊汝年六十筭一[1]（捌·1456）

其中，简345、347年60岁纳筭的记录，其"筭一"注记字迹不甚清晰，简346"六十筭一"之"十"也难以辨认。不过，从走马楼吴简中还有几例年过60岁注记"筭一"的户口简（参简503—506）来看，孙吴筭及年60岁的庶民，[2] 很有可能也是延续了东汉以来的习惯做法。

从这些迹象看来，东汉曾对汉元帝时期形成的口算钱征收格局进行了调整，可能改为年1—14岁收口钱、年15—60岁收算钱的新格局。这样"口钱"与户

---

[1] "筭一"，原释作"三"，核对图版，首字起笔较为繁复，近似"艹"头左半部分，或为"筭"字。

[2] 过去，不少学者利用采集吴简中的简例，对孙吴缴纳算赋的年龄段进行了讨论。于振波根据《竹简〔壹〕》中的简例，认为孙吴起征年龄可能为15岁，最高年龄估计为59岁。参看于振波《"筭"与"事"——走马楼户籍简所反映的算赋和徭役》，《汉学研究》第22卷第2期，2004年，收入其著《走马楼吴简续探》，文津出版社，2007年，第135—137页。李恒全和张荣强结合算赋和徭役征发的情况，认为15—60岁为孙吴承担算赋的年龄段。参见李恒全《从走马楼吴简看孙吴时期的口算与徭役》，《南京农业大学学报（社会科学版）》，2013年第2期，第123—125页；张荣强《再论孙吴简中的户籍文书——以结计简为中心的讨论》，《北京师范大学学报（社会科学版）》2014年第5期，第81—86页。

籍身分"小"相对应，而"算钱"与户籍身分"大"（自然身分）去除免老之后的年龄段也是对应的。后者实际上是承担徭役者的年龄段。这样看来，算钱征收格局的调整，与其说是与户籍身分"大"相适应，不如说是为了适应新的课役身分，即从"正卒"向"丁"过渡的课役身分。

孙吴时期，口算钱征收分为"小口收钱"（简230、233—234）、"大口收钱"（简231、235）和"算人收钱"（简232、236—237）。统计"小口""大口""算人"的简例还有：

348．其一百七十二人小口[1]（陆·299正）

349．其二百□十一人大口　中（陆·198）

350．其二百一十三大口（陆·1189）

351．其二百七十一人大口（陆·1207）

352．其八十四人算人（陆·204）

353．其八十四八算　中（陆·1380）

---

[1] "口"后原释有"二"，核对图版，应为编绳痕迹，删去。

四、从户籍、课役身分到丁中身分

"小口""大口""筭人"的年龄段究竟是多少,由于吴简中没有三者与年龄同记的明确简例,目前还难以确定。学界主要存在两种意见:一说"小口"年7—14岁(延续汉元帝时期的口算钱制度),[1]"大口"年15—79岁(因汉制年80岁以上可以复筭),"筭人"年15–56岁,[2]以及小部分年15岁以下或56岁以上者。[3]另一说"小口"年7—14岁,"大口""筭人"年15—60岁。[4]

然而,无论哪一种意见,吴简户籍身分"小""大"虽然可以区分"小口"收钱与"大口""筭人"收钱,但是,户籍身分"小""大"与"小口""大口""筭人"收钱并不契合,他们之间仍然只有大致的对应关系。

---

[1] 如前述东汉算赋制度改革,"小口"在孙吴时期的年龄分层应当是年1—14岁。

[2] 如前述东汉算赋制度改革,"筭人"在孙吴时期的年龄分层应当是年15—60岁。

[3] 凌文超《走马楼吴简采集简"户籍簿"复原整理与研究——兼论吴简户籍簿的类型与功能》,《吴简研究》第3辑,收入其著《走马楼吴简采集簿书整理与研究》第三章,第139—147页。如前所论,"小口"的年龄应为1—14岁,"大口"的年龄为15岁以上。

[4] 张荣强:《再论孙吴简中的户籍文书——以结计简为中心的讨论》,第81—86页。

又从徭役制度来看，户籍身分"小""大"乃是否派役的分野，征发对象为"大"，一般不涉及"小"。然而，秦汉赋役制度很复杂，规定细密，户籍身分无法与之一一对应、重合。秦汉徭役征派的依据既有自然身分，又有社会身分。早期徭役主要与自然身分相对应；后来，傅籍、睆老、免老体系一开始主要与兵役、军功爵制密切相关（社会身分），逐渐演变为一般徭役。探讨秦汉之际的徭役制度，似有必要将两者有所区别进行分析。

先秦已降，始"大"（一般身高6尺＝年15岁）即意味着起役，是否兵役则主要视实际政事的需要而定。岳麓秦简《徭律》规定：

> 354. 凡免老及敖童未傅者，县勿敢偁（使），节载粟，乃发敖童年十五岁以上。[1]

年满15岁的未傅敖童，虽然地方官府在一般情况下不能使事，但是，面临"节（即）载粟"这类紧急

---

[1] 陈松长主编《岳麓书院藏秦简（肆）》，第120页。

四、从户籍、课役身分到丁中身分

事役时,就可以徭使。可见年15岁是秦代庶民起役的开始。

这一起役标准为汉代所继承,如张家山汉简《二年律令·徭律》有大致同样规定:

> 355. 免老、小未傅者、女子及诸有除者,县道勿敢徭使。节(即)载粟,及发公大夫以下子、未傅年十五以上者。[1]

这里虽然增加了"公大夫以下子"这一限定条件,但是,爵制对起役的影响不在年15岁界限的浮动,而是通过爵级限定实现不同人群的劳役优免。因此,秦与汉都稳定地以年15岁为界开始向庶民课役。

孙吴时期,给吏的征派似仍受年15岁始役传统的影响,如户口简中至今所见"给吏"者的年龄大都在15岁以上:

> 356. □男弟□年十五前给发傅子名(壹·5224)
> 357. 忠 子 男 仲 年 十 五 　 任 　 给 　 吏

---

[1] 张家山二四七号汉墓竹简整理小组编著《张家山汉墓竹简〔二四七号墓〕(释文修订本)》,第64页。

（叁·1805）

358. 姪子男恪年十五給州吏　戧男金年廿二腫足（柒·3766）

其中简357"任给吏"字迹清晰。该简从属于州吏父兄子弟簿，[1]且有对应的家庭简和结计简：

359. 州吏邓忠（叁·1804）
360. 定[2]见一人任吏，□□刑腫叛走以下户民自代，□□□□人名年纪为簿□□□[3]（叁·3003）

简357"任给吏"与简360"任吏"相对应。"任吏"又见于"举私学"木牍：

361. 私学弟子南郡周基年廿五，字公业，任

---

[1] 凌文超：《走马楼吴简隐核州、军吏父兄子弟簿整理与研究——兼论孙吴吏、民分籍及在籍人口》，第84—95页。
[2] "定"，原释作"户人"，今据图版改。
[3] "为簿"，核对图版，不可辨识，此后仍有"□□□"三字痕迹，据补。

四、从户籍、课役身分到丁中身分

吏,居在西部新阳县下。

嘉禾二年十一月一日监下关清公掾[1]张阆举。[2]

私学弟子周基"任吏"。此"任"当作能、堪、胜任解,[3]"任吏"也就是具备为吏的必要技能、胜任吏职之意。周基旋即出任"从史位",亦有"举私学"的行为:[4]

362.君教 若 丞琰[5] 如掾[6],期会掾烝若、录事掾陈旷校

---

[1] "掾",原释作"扬",今据王素意见改,见其作《长沙走马楼简牍研究辨误》,《考古学研究(五):庆祝邹衡教授七十五寿辰暨从事考古研究五十年论文集》,科学出版社,2003年,第976页。

[2] 胡平生《读长沙走马楼简牍札记(二)》,《光明日报》2000年4月7日第3版。

[3] 参见李均明《长沙走马楼吴简所反映的户类与户等》,饶宗颐主编《华学》第9、10辑,上海古籍出版社,2008年,第274页。

[4] 参见凌文超《走马楼吴简举私学簿整理与研究——兼论孙吴的占募》,《文史》2014年第2期,第37—71页。

[5] "琰",原释作"淡",今据图版改。

[6] "掾",原阙释,今据图版补。

兼主簿刘　恒省　十二月廿一日白从史位周基所举私学 [1][2]
　　　　　　　　　　□□正户民,不应发遣[5]事,修行吴赞[6]主
（肆·4850①）

由此看来，简357所记邓仲"任给吏"既标明他能够胜任给吏，实际上也意味着他即将出任给吏。这基本上可以作为孙吴年15岁开始出任给吏的例证。

另外，据吴简"郡县吏兄弟叛走人名簿"，其中兄为郡县吏而弟叛走的简例，弟叛走的年龄皆在年15岁，如：

363.郡故吏史儵弟政年十五　嘉禾四年四月十日叛走（壹·7882/13）

364.郡吏黄□弟□年十五[3]　嘉禾二年十月十八日叛走（壹·7893/13）

365.县吏毛章弟顾年十五　以嘉禾三年十二

---

[1] "遣"，原释作"遗"，今据图版改。

[2] "赞"，原阙释，"修行吴赞"又见于简肆·2907（原释作"诣行"，当据图版及词例改）、简肆·3993（原释作"偕行吴贷"，当据图版及词例、专名改）、简叁·4261（"赞"可据图版补），核对图版，字迹大致可辨认，今据改。

[3] "五"，原释作"三"，"五""三"形近易讹，今据图版改释作"五"。

四、从户籍、课役身分到丁中身分

月十七日叛走(壹·7865/13)

他们在年15岁叛走,主要是为了逃避吏役。《世说新语》注引嵇绍《赵至叙》云:

> 至年十五,佯病,数数狂走,五里三里为家追得,又灸身体十数处。年十六,遂亡命,径至洛阳,求索先君不得。至邺,沛国史仲和是魏领军史焕孙也,至便依之。遂名翼,子阳和。[1]

曹魏赵至之所以在年15岁开始假装疯狂,并逃亡易名,是因为他出生于士家,是个"士息"(士之子)。士家子弟世代当兵,身分低贱。一旦逃亡,就会累及家人。年十五六到了征发的年龄,一旦受征,就成了正式的兵,要身受士家的束缚。[2] 简363—365所记录的郡县吏之弟在年15岁叛走,与赵至的逃亡何其相似。

---

[1] (南朝宋)刘义庆撰,(南朝梁)刘孝标注《世说新语》上卷《言语》注引嵇绍《赵至叙》,中华书局,1999年,第46页。
[2] 唐长孺:《晋书赵至传中所见的曹魏士家制度》,《唐长孺文集》第1卷《魏晋南北朝史论丛》,中华书局,2011年,第27—33页。

这也是孙吴时期吏之身分日益低落，吏户逐渐形成的必然结果，吏户子弟年15岁很有可能要被征发，他们为了避役而叛走。尤其是简363记录的史儈为"郡故吏"，此时史儈已不再担任郡吏，其弟史政在年15岁时叛走，可能是他即将接替史儈为吏的缘故。[1]

像曹魏赵至以及孙吴邓仲和恪（简357、358）那样，年15岁就要当兵、任吏，是因为三国时期徭役繁剧，各国对兵役、吏役作更大限度的征发。秦汉时期，当战事紧急时，亦征发年15岁的男子当兵。例如，秦赵长平之战，秦"发年十五以上悉诣长平"；[2] 又楚汉之争，项羽"悉令男子年十五已上诣（外黄）城东，欲阬之"。[3] 这些都与兵事直接相关。甚至班昭认为"古者十五受兵"。[4] 当然，这不过是特殊时期的兵役征发。一般情况下，并非如此，我们在西北汉简中，就基本上看不到年15岁及以下的屯戍吏卒。总之，秦汉三国时期，一般情况下，始"大"（身高六尺、年15岁）

---

[1] 参见凌文超《走马楼吴简采集簿书整理与研究》第五章《郡县吏兄弟叛走簿与惩处叛走者》，第154—161页。

[2] 《史记》卷七三《白起传》，第2334页。

[3] 《史记》卷七《项羽本纪》，第329页。

[4] 《后汉书》卷四七《班超传》，第1585页。

四、从户籍、课役身分到丁中身分

即起役,只承担部分紧急的徭役;在徭役繁重的非常时期,年15岁男子也被征发当兵、为吏。

秦汉时期始"大"即起役,但并不意味着年15岁以上所有的男子都需要服役。先秦时期,就已经设置了老免的年龄。如前引《周礼·地官司徒·乡大夫》云,"野自六尺以及六十有五,皆征之";银雀山汉简《田法》云:"年六十【以上】与年十六以至十四皆为半作";在西汉昭帝时召开的盐铁会议上,文学就认为:"今五十已上至六十,与子孙服挽输,并给徭役,非养老之意也"。[1]一般而言,年60岁或65岁以上的老年男子一般免役,或只服劳动强度较轻的"半作""半役"。至秦汉之际,即设置了"免老"的课役身分,至"免老"年龄(简28)即免役。

不仅如此,在年15岁至"免老"年龄之间,还有多种课役身分,例如:"新傅""正卒""睆老""罢癃"。这类课役身分都有着固定的年龄分层和赋役义务。例如"新傅",顾名思义即刚刚傅籍为正卒的男子。"新傅"虽然开始具有正卒身分,但因为年龄较小而有所

---

[1] 王利器校注《盐铁论校注》卷3《未通》,第192页。

照顾。睡虎地秦简《秦律杂抄·内史杂》规定:"除佐必当壮以上,毋除士五新傅。"[1]松柏汉简中也有专门的"新傅簿"。又如,汉初"睆老各半其爵、徭,□入独给邑中事"。[2]"睆老"服半徭,而年龄分层根据爵位有所不同,如不更年58—61岁,簪裹年59—62岁。"新傅""睆老""免老""正卒"这类课役身分从属于户籍身分"大",但不契合。

至于课役身分"新傅""正卒""睆老""免老"的内涵,史籍中有两条材料密切相关。《汉书·食货志上》云:"至秦则不然,用商鞅之法,改帝王之制……又加月为更卒,已复为正〈卒〉一岁,屯戍一岁,力

---

[1] 睡虎地秦墓竹简整理小组:《睡虎地秦墓竹简》,第62页。
[2] 张家山二四七号汉墓竹简整理小组编著《张家山汉墓竹简〔二四七号墓〕(释文修订本)》,第64页。

四、从户籍、课役身分到丁中身分

役三十倍于古。"[1] 又《汉仪注》曰:"民年二十三为正,一岁为卫士,一岁为材官骑士,习射御骑驰战阵"。又曰"年五十六衰老,乃得免为庶民,就田里",应合选为亭长。[2] 此"年二十三为正(卒)"当指"傅籍","年五十六衰老"应为"睆老"。从张家山汉简《二年律令·傅律》(简26—28)和虎溪山汉简"黄簿"的相关记录(简97)来看,傅籍、睆老、免老体系与二十等爵制联系在一起,有关"傅籍"较早的荀悦、如淳注引也与兵役联系在一起,该课役体系的出现可能与军功爵制有关。秦汉之际,实际政事一般都与军事联结,相关军事制度自设置之日起就可能兼具民事职能,并不断扩展至社会的方方面面。随着帝国的建立,征发兵役的缓和,这些制度与帝国日常管理逐渐结合在一

---

[1] 《汉书》卷二四上《食货志上》,第1137页。陈伟注意到,荀悦《汉纪·孝武皇帝纪》"元狩四年"对"又加"一句进行了删节,并将之点读为:"又加月为更卒,征卫、屯戍一岁,力役三十倍于古。"两相对照,他倾向于将董仲舒上言"又加"一句读为:"又加月为更卒,已复为正一岁、屯戍一岁,力役三十倍于古。"至于"为正",他根据《太平御览》卷六二六引作"为正卒",以及颜师古注"正卒",认为《汉书》此处有可能曾写作"为正卒"。陈伟《也谈董仲舒上言"又加"句的解读问题》,《第一届中日学者中国古代史论坛文集》,中国社会科学出版社,2010年,第190—195页。

[2] 《史记》卷七《项羽本纪》,第324页。

起。再随着二十等爵制机能的松弛，傅籍、免老等就完全融入徭役制度之中。

正因为爵制身分在秦汉时期相当重要，秦汉户籍对爵位的记录非常重视，即使在民爵业已低落的孙吴时期，仍有相当部分户籍简册登录了爵位。虽然我们从虎溪山汉简汉文帝时期的"黄簿"中能看到爵等与"免老""睆老"等的结合表示徭役的征免和轻重，在西汉中期的松柏汉简中仍能看到新傅簿、免老簿，但是，由于缺少西汉中前期户籍实物，不清楚爵位与傅籍、睆老、免老具体登录户籍的情形，而在东牌楼东汉户籍、走马楼孙吴户籍中，我们看不到有关傅籍、睆老等的相关记录。

或许，随着二十等爵制影响的式微，傅籍、睆老、免老的形式和性质都有所改变。国家的统一，社会的安定，兵役的重要性有所弱化，征发兵役与一般民役征派逐渐融合在一起，与兵役密切相关的"傅籍""睆老"也因兵役的缓和作用日益下降，逐渐从户籍中淡出了。不过，"傅籍""睆老"与兵役征发联系紧密且能体现赋役轻重，"免老"长久被运用，这些赋役征派

四、从户籍、课役身分到丁中身分

的精神因实际需要而被保留下来,[1] 反映在户籍当中就是轻重徭役与新的课役身分、年龄分层开始形成。如"未傅大男"一般服更役和"节载粟"之类劳动强度较轻的徭役,而不需服"屯戍"兵役,与"傅籍大男"所服徭役有所差别。[2] 学界一般称之为"半役",[3] 或"小役",如《盐铁论·未通》御史曰:"古者,十五入大学,与小役"。[4] 服"半役"的当还有原"睆老"年龄层。"免老"也逐渐发展成为普遍徭役征发的止龄。只是这些服半役和老免的情况,在秦和西汉户籍中可能并无对

---

[1] 一旦兵役征发的重要性凸显,国家仍有可能设置诸如"傅籍""睆老"的兵役起止年龄,如《隋书》卷二四《食货志》载北齐"河清三年令"规定:"男子十八以上,六十五以下为丁;十六以上,十七以下为中;六十六以上为老;十五以下为小。率以十八受田,输垦调,二十充兵,六十免力役,六十六退田,免租调",第677页。该令在创设丁中制的同时,特别规定了兵役的起止年限,这与秦汉时期与二十等爵制相联系的"傅籍""睆老""免老"体系非常相似。

[2] 参见杨振红《徭、戍为秦汉正卒基本义务说——更卒之役不是"徭"》,《中华文史论丛》2010年第1期,收入其著《出土简牍与秦汉社会(续编)》,第208—209页。

[3] 参见张荣强《〈二年律令〉与汉代课役身分》之汉代的"半役",《汉唐籍帐制度研究》,第55—61页;朱红林《汉代"七十赐杖"制度及相关问题考辨——张家山汉简〈傅律〉初探》,《东南文化》2006年第4期,第65页。

[4] 王利器校注《盐铁论校注》卷三《未通》,第192页。

应的像"中""老"那样的身分称谓。

还值得讨论的是"免老"年龄。汉初《二年律令·傅律》按爵等规定了不同的"免老"年龄,从虎溪山汉简"黄簿"来看,至汉文帝时当仍是如此。随着赐爵的轻滥,兵役与民役融合,国家当逐步整合了免老年龄。据《汉旧仪》载"秦制二十爵。男子赐爵一级以上,有罪以减,年五十六免。无爵为士伍,年六十乃免老",[1] 汉初按爵级制定了不同的免老年龄,在爵等分明的秦代也应如此。而这里却认为秦代仅按有爵和无爵两类划定免老年龄,当是在《汉旧仪》的制作年代,二十等爵制业已低落,不再按爵等制定多个免老年龄,可能在汉代某时期存在有爵者56岁,无爵者60岁免老的规定,《汉旧仪》当即以此来比附秦制。

此后,随着民爵的轻滥,这两个"免老"年龄还将整合为一。松柏汉简"免老簿"就未如虎溪山汉简"黄簿"一样按爵位统计"免老"的人数。或有可能,在汉武帝时期免老始龄当已开始整合。汉代士卒一般"年五十六老衰,乃得免为民,就田,应合选为亭

---

[1] (清)孙星衍等辑,周天游点校《汉官六种》,中华书局,1990年,第85页。"老",孙星衍改作"者"。

长",[1] 此制至东汉仍未变，如许慎曾云："汉承百王而制，二十三而役，五十六而免。"[2]56岁免除兵役应即"睆老"始龄。据汉初《二年律令·傅律》，"睆老"始龄一般要比"免老"早4岁，考虑制度规定的稳定性，那么西汉中期后免老始龄当即60岁。然而，据前论东汉纳算年龄最大为60岁，相应地，东汉改制后或有可能是61岁正式免老。[3] 随着"免老"逐渐摆脱爵制的影响，此"免老"年龄逐渐成为一般徭役老免年龄的参考。

总的来说，秦汉三国时期，户籍身分"小""大"与赋役征派大致对应，但粗略的"小"和"大"并不能体现赋役征派的细致划分，于是，秦汉孙吴根据赋役征派的需要，在户籍身分"大"的框架之内创制了若干新的课役身分。前有"筭""新傅""正卒""睆老""免老"等，后有"筭""卒"及各类给吏、给役注记。随

---

[1] 《续汉书·百官志五》注引《汉官仪》，中华书局，1965年，第3624页。
[2] （唐）孔颖达等撰《礼记正义》卷一三《王制》疏引《五经异义》，（清）阮元校刻《十三经注疏》，第1346页中栏。
[3] 张荣强认为汉代61岁以上为"老"。参见张荣强《〈二年律令〉与汉代课役身分》，《中国史研究》2005年第2期，第41页。

着民爵的轻滥，口算钱逐渐并入户调，[1]新的年龄分层与相应轻重劳役结合的出现，新课役身分与对应赋役征派重合并凝固，促使了丁中身分的形成，而这与魏晋之际实际赋役征发的急剧变动有关。

（三）户籍、课役身分的化合与丁中身分之衍生

秦汉魏晋时期，无论户籍身分，还是课役身分，随着赋役征派的变动，前后发生了相当大的变化。这不仅表现在户籍身分"小""大"在户籍中著录越来越不严格，尤其是"大男"多不注记，也表现在户籍注记的课役身分经历了多次调整：秦汉之际，由先秦的"可任"分化为"筭""傅（正卒）""睆老""免老""罢癃可事"等；东汉调整为"筭""卒"等；三国时期再次调整为"筭""给吏""给役"等。在此过程中，户籍身分与课役身分日益化合，萌发出新身分"小""丁""老"，进而衍生出新的丁中身分。

---

[1] 关于户调取代口算钱的征收，可参见高敏《曹魏租调制拾零》，《史学月刊》1982年第5期，第21—23页。

四、从户籍、课役身分到丁中身分

1. 从"小""敖童(小未傅)"到"小""(小)次丁"

秦汉时期存在两类"小""大"身分。第一类以"身高 6 尺 = 年 15 岁"为界划定的"小""大"身分,长期保持稳定,不受爵制等的影响,其属性偏重于自然身分。

第二类是以傅籍为标志划定的"小""大"身分。这类"小""大"身分一开始主要用于徒隶,后来从"敖童"发展而来的未傅意义上的身分"小"也用于庶民,[1] 多称"小未傅""小爵",偶尔也称"小男子"。[2] 第二类身分"小""小未傅""小爵"与傅籍、爵制密切相关,是一种社会身分。

自然身分"小""大"主要是客观地表示身分与劳

---

[1] 请参见凌文超《秦汉时期两类"小""大"身分说》,《古代文明与学术研讨会论文集》,浙江杭州,2019 年 9 月 21—22 日。

[2] 孙闻博认为,秦及汉初或存在以"傅"划分大、小的方式,"小"(或言广义一面)包括 15 岁以上的未傅籍群体。孙闻博:《秦及汉初"徭"的内涵与组织管理——兼论"月为更卒"的性质》,《中国经济史研究》2015 年第 5 期,第 88—89 页。张荣强亦认为:"'小'就是未达到傅籍标准的身分。"张荣强:《"小""大"之间——战国至西晋课役身分的演进》,《历史研究》2017 年第 2 期,第 9、15 页。

动能力，用以标明"小"不可徭役；而"大"可以徭使，但一开始也有所减免，或根据情况使役。作为社会身分的"小""大"，主要是根据现实政治的需要，在自然身分"大"的人群之内，根据爵级等制定不同的傅籍年龄标准，从而调整赋役的轻重。傅籍之后，还有相应的制度确定赋役的减免，如"新傅""正卒""睆老""免老""罢癃（不）可事"等。

秦汉时期，一般情况下，课役不涉及自然身分"小"，即年14岁及以下的男子免役，庶民年14岁及以下只出少量的口钱。社会身分"小（未傅）"则有所不同，秦和西汉时期，年15岁至新傅，需要服"节载粟"一类的紧急事役或"小役"，与一般徭役相比，劳动强度可能较轻。然而，在东汉时期，课役身分"筭"与"卒"的年龄分层逐渐趋同，庶民可能在年15岁至60岁时承担一般的赋役，"小未傅"身分很可能合并到"筭""卒"之中，成为赋役的承担者。至此，"小"成为庶民年14岁及以下群体的身分，意味着免课。

然而，三国时期赋役繁重，课役对象突破"小""大"之界，不少原来免课的"小"，也被征赋派役。从吴简记录的筭人收钱来看：

四、从户籍、课役身分到丁中身分

366.□女弟姜年十一[1]筭一　□女弟姑年十五筭一（陆·1335）

367.常迁里户人公乘朱张年[2]十二筭一（柒·5439）

368.难□□年十三筭一（壹·7401）

369.邓小妻专年卅　邓子女泥年十[3]四筭（贰·1953）

370.妻□年十四筭一　☐（肆·2797）

371.祂男弟头年十四筭一（肆·820）

372.……年十四筭一　□子女□年……（柒·6151）

373.妻□□年十四筭一（捌·1608）

374.子男德年十四　筭一（捌·1639）

---

[1] "一"，核对图版，疑作"八"。"一""八"易讹。其"女弟姑年十五"，"姜年十八"的可能性大。

[2] "年"压在编绳下，不清晰。疑"十二"之上还有数字。揭剥位置示意图柒·42中，简柒·5468"张子女牙年十二"与简柒·5439位置相近，应为父女简。据此，朱张年龄不会是年12岁，年22岁的可能也比较小，应当是年32岁或以上。

[3] "十"，核对图版，疑作"廿"。

375.思男姪儿年十四　箄一（捌·2523）

简366、367中年11、12岁纳箄的记录,字迹残缺,难以确认,暂不作讨论。简368—375记录了不少年13、14岁男女纳箄,可见孙吴时期箄人收钱突破了年15岁的界限,箄及年13、14岁男女。

不仅箄人收钱,吏役也扩展至年15岁以下的男子,如:

376.郡吏黄士年十二（壹·7638）
377.宜都里户人公乘吴䘲年十二给县吏　訾五十（伍·6619）
378.郡吏黄士年十三　士兄公乘追年廿三荆□（贰·1623）
379.郡吏黄䳡年十三（壹·8494）

年12、13岁的男子即任郡县吏。这与秦代的情况大不相同。秦律禁止"典、老占（吏）数小男子年未

四、从户籍、课役身分到丁中身分

盈十八岁"[1],并规定"除佐必当壮以上,毋除士五新傅",[2]任吏一般在傅籍若干年之后。

孙吴官府在文书中可以直接注记年15岁以下庶民的赋役征派情形,而不必弄虚作假,这表明向年12-14岁庶民课役已经成为孙吴常见的现象,秦汉以来始"大"课役的制度规定和传统习惯的约束力日益式微。不过,在专门登记更口筭钱的簿书"嘉禾四年小武陵乡吏民人名妻子年纪簿"中,也有年13岁男子未注"筭一",如:

380.石子男㐰(?)年十三(壹·10472·212)

在其他簿书中,年13、14不注"筭一"的简例多见(如简37、38、40—49)。同时,在派役户籍簿"嘉禾六年广成乡吏民人名年纪口食簿"中,年12—14岁男子不注给役的简例有:

381.·贤子女姑年十六筭一　姑弟公乘狗年

---
[1] 陈松长主编《岳麓书院藏秦简(肆)》,第42页。
[2] 睡虎地秦墓竹简整理小组:《睡虎地秦墓竹简》,第62页。

十二　☒（贰·1769）

382.志子男公乘县年十二　县男弟公乘仇（？）年十二苦腹心病（贰·1858）

383.·□姪子公乘□年十三　级（？）妻大女使年十三（贰·1749）

384.鼠弟公乘主年十三　□小妻大女絮年廿八筭一（贰·1962）

385.□兄子养年十四　养女弟正年□□（贰·1857）

由此可见，孙吴时期虽然事实上向年 15 岁以下的男女征派赋役，但是，尚未形成定制，年 12—14 岁男女只有部分人承担赋役之责，其依据可能就是身体是否强壮。吴简中有不少少年男子注记"丁"，其中不乏年 14 岁以下的简例，如：

386.亭男弟好年十一　丁（捌·1213）
387.□男弟青年十三　丁（柒·5144）
388.亘男弟得年十四　丁（捌·1214）
389.罢男弟亭年十四　丁（捌·1279）

四、从户籍、课役身分到丁中身分

注记"丁"并无赋役内涵,只是表明这些少年男子身体健壮,必要时可以课役。

孙吴的始役年龄业已突破年15岁的限制(参简376—379),据简486、376、377,十一二岁的男子就可以派役。与此相关,在"嘉禾六年广成乡吏民人名年纪口食簿"这一派役户籍簿中,男子身分在年10—12岁开始转变,年10岁以下及部分年10—12岁男子称"士伍","士伍"乃免役小男的称号。[1] 部分年10—12岁以及年12岁以上的男子则称"民""吏"和"公乘"。另外,曹操建安二十三年(218)王令规定,只有"年十二已下无父母兄弟"者才廪食。[2] 由此看来,12岁左右可能是三国时期起役的重要界点。[3]

西晋"丁中制"以年12岁以下为"小",年13至

---

[1] 凌文超:《走马楼吴简所见"士伍"辨析》,《吴简研究》第3辑,第153—165页。

[2] 《三国志》卷一《魏书·武帝纪》注引《魏书》,中华书局,1982年第2版,第51页。

[3] 魏晋南北朝时期,因徭役征发的繁重,12岁左右就有可能服役,如西晋统一后,13岁即为"次丁";至南朝宋,《宋书》卷二《武帝纪中》云:"荆、雍二州,西局、蛮府吏及军人年十二以还,六十以上,及扶养孤幼,单丁大艰,悉仰遣之。"(第35页)表明12岁左右实际已经服役了。王子今提到《列女传》记载有"年十二"的"婴儿"。参见其著《秦汉儿童的世界》,中华书局,2018年,第91—93页。年12岁似乎也是一个重要的分界年龄。

15岁为"(小)次丁",这是根据三国时期征赋派役实际情况的定制。三国的课役突破了自然身分"小""大"之分,部分年14岁及以下男女成为事实上的赋役承担者。随着赋役征派的加重,可以想见,年13、14岁课役将成为普遍现象。于是,西晋将原本从属于"小"而免役的年13、14岁男女确定为"(小)次丁",承担半役。原来免役的群体缩小到年12岁以下。秦汉时期,"小未傅"一般服"小役",劳动强度相对较轻。西晋象征性地延续这一传统做法,将"小未傅"中的年15岁者亦确定为"(小)次丁"。

总的来看,西晋"小""(小)次丁"由秦汉时期的两类身分"小"分化、融合而来。自然身分"小"(年15岁以下)分化为年14、13岁的"(小)次丁"和年12岁以下不事之"小"。社会身分"小(未傅)"分化为年15岁的"(小)次丁"和年16岁以上的"丁"。原本属于自然身分"大"和社会身分"小未傅"的年15岁庶民,最终与年13、14岁的"小"化合为"(小)次丁"。"(小)次丁"由秦汉两类身分"小"化合而来的,反映在晋制当中,即"(小)次丁"登记形式为"年十三以上十五以还小男"(简4),年13—15岁的次丁仍然保留了"小"的身分。

2. 从"大""筭""正/卒"到"丁"

秦汉时期,年15岁以上的"大"是课役对象。至于老年免课,官方先后设置了"请老"之制和"免老"的规定。秦和西汉前期,徭役征发的对象主要是"未傅年十五以上者""新傅""正卒""睆老"和"罢癃可事者"。其中,"未傅年十五以上者""新傅""睆老"和"罢癃可事者"有所优待,课役相对较轻。因此,徭戍承担者主要是"正卒"(傅籍后至睆老前的健康男子)。口筭钱征收有所不同,虽然部分"小口"乃至"大口"要缴纳口钱(前后有所调整),筭人收钱则主要针对年15—56岁的健康男女。这一时期,"筭人"与"正卒"的年龄段尚不重合。

西汉昭帝以后至东汉时期,例行的"正卒"更役改为更赋征收,"卒"随之成为更赋的注记。此后定期的更役可能不复存在,劳役应当皆由不定期的徭役来承担。[1] 因徭役的承担者自"未傅年十五以上者"起，故各类劳役的征发对象从年15岁开始，与筭人收钱的始龄开始趋同。有迹象表明，筭人收钱的最大年龄也随之延后至免老前。至此"筭人"与徭役承担者（年15岁至免老）的年龄层趋同。正役承担者在户口簿籍中应当注记"给吏""给役"，吴简中的相关记录应当是延续了汉代的习惯做法。

原"睆老"年龄层的群体逐渐成为"筭人"和正役承担者，这一演变过程的具体情况现在还不甚清楚。但是，可以确定的是，"睆老"并非完全被吞并而成为正役、算赋承担者，而是分化为两类人群："睆老"中的体健者成为正役、算赋的承担者；而"睆老"中的衰弱者与"罢癃"合并，至迟在东汉时期衍生为"微癃"与"笃癃"（简124），并为西晋所继承，如郴州晋简"计

---

[1] "更"为定期劳役，而"徭"为临时征发。参见广濑薰雄《张家山汉简所谓〈史律〉中有关践更之规定的探讨》，《人文论丛（2004年卷）》，武汉大学出版社，2005年，第271—284页；《更徭辨》，中国社会科学院简帛学国际论坛论文，2006年11月。藤田胜久《中国古代国家と郡县社会》第二编第五章《汉代の徭役劳动と兵役》，汲古书院，2005年，第466—468页。杨振红《徭、戍为秦汉正卒基本义务说——更卒之役不是"徭"》，《出土简牍与秦汉社会（续编）》，第181—209页。

四、从户籍、课役身分到丁中身分

阶簿"记:

390. 口一百卌笃癃男(1-36)
391. 口七百六微癃男(1-60)
392. 口三百九十四微癃男(2-46)
393. 口七百卌三笃癃女(2-71)[1]

这类"微癃""笃癃"也非单纯由秦汉时期的"罢癃"可事、不可事者衍生而来,而是罢癃与部分皖老融合、分化而来。

东汉时期以来,赋役承担者应当集中在年15岁至年60岁庶民身上,但我们不能简单地认为,这就是西晋"正丁"的前身。与北齐河清三年(564)丁中制明确规定"二十充兵"不同,西晋丁中制未明确规定兵役始龄,正丁也应是兵役的承担者。

秦汉时期,制度上规定的兵役从傅籍为"正卒"开始。虽然"正卒"承担的更役后来改征更赋,但并不表明"正卒"自此不服兵役。东汉时期的征役年龄

---

[1] 湖南省文物考古研究所、郴州市文物处:《湖南郴州苏仙桥遗址发掘简报》,第99—100页。

的具体规定目前也不甚清楚，可能仍然延续了西汉年23岁傅籍服兵役的传统。如《三国志·魏书·崔琰传》载："少朴讷，好击剑，尚武事。年二十三，乡移为正，始感激，读《论语》《韩诗》。"[1] 东汉末年似仍以年23岁为兵役始龄。

三国时期，随着征役的日益繁重，兵役扩展至年23岁以下的男子。例如，在吴简中，有年23岁以下的军吏：

> 394. 军吏谷幼(?)年廿一（贰·2397）
> 395. 军吏张春年十八（叁·2963）
> 396. 汝男弟当年十八给车吏（捌·1831）【注】"车"应为"军"之误。

魏晋史籍中所载的兵役征发年龄也比汉代始傅年龄提前不少。《三国志·吴书·三嗣主传》载："科兵子弟年十八已下十五已上，得三千余人，选大将子弟年少有勇力者为之将帅。亮曰：'吾立此军，欲与之俱

---

[1]《三国志》卷一二《魏书·崔琰传》，第367页。

四、从户籍、课役身分到丁中身分

长。'"[1]。《三国志·魏书·陈留王传》云:"臣士息前后三送,兼人已竭。惟尚有小儿,七八岁已上,十六七已还,三十余人。"[2] "西晋武帝伐吴诏"曰:"今调诸士,家有二丁三丁取一人,四丁取二人,六丁以上三人,限年十七以上,至五十以还,先取有妻息者,其武勇散将家亦取如此"。[3] 征发兵役的始龄,孙吴约为年15岁,魏晋之际约为年十六七岁。兵役与一般正役征发的始龄(年15岁)日益接近。

然而,三国时期正役、兵役的承担者与汉代"正卒"身分,无论是年龄层,还是赋役义务都无法契合,在户口簿籍中一般用繁复的"给吏""给役"注记或具体的士、吏身分来表示。这时就需要为正役、兵役承担者(两类人群日趋一致)创设一个与"老""小"一样的具有固定年龄层且课役内涵明确的新身分。这一新身分就是"丁"。

如前所引,吴简中不少少年男子注记"丁"(简

---

[1] 《三国志》卷四八《吴书·三嗣主传》,第1153页。
[2] 《三国志》卷一九《魏书·任城陈萧王传》,第575页。
[3] 许敬宗编,罗国威整理《文馆词林校证(日藏弘仁本)》,中华书局,2001年,第221—222页。

386—389），相关简例还有：

397.□姪□年十五筭一　……丁（柒·5277）

398.定男姪平年十五筭一　……丁（柒·5328）

399.□男姪鼠年十五　丁（柒·5401）

400.□男弟黑（？）年十六筭一　丁（柒·5383）

401.□迁里户人公乘诵□年十六筭一　……丁（柒·5397）

402.寿子男罢年十六　丁[1]（捌·1302）

403.铁妻男弟丰年十七　筭一　丁（捌·1304）

不仅少年男子，其他健壮男子也被称为"丁男"，如吴简"兵曹徙作部工师及妻子簿"结计简：[2]

---

[1] "丁"，原阙释，今据图版补。
[2] 凌文超《走马楼吴简采集簿书整理与研究》，广西师范大学出版社，2015年，第170—263页。

四、从户籍、课役身分到丁中身分

404. 集凡作部师佐□见□□人合五百人（叁·2345·55）

405. 其一百六十六人丁男（叁·2354）

406. 其二百卌三人妻子（叁·2355·65）

407. 其廿四人□□姑（？）妻（叁·2351·61）

简405所记丁男人数为166人，约为迁徙总人数500人的1/3。考虑到部分父母妻子随迁，简405所记"丁男"实际上指的应是作部师佐。在该簿书中，师佐最小年龄16岁，最大年龄64岁，简例如下：

408. 觚慰佐醴陵蔡朿年十六　单身（叁·2379·89/25）

409. 乾锻佐攸唐莴年十六　单身（叁·2482/25）

410. 鑢佐广兴温狗年十六　妻在本县（叁·2434/25）

411. 刚师□□文化年六十　嘉禾二年十二月□□（壹·9876/14）

412. 治师诵过年六十（叁·2476/25）

413. 治皮师吴昌黄仙年六十四　见（壹·7466/13）

414. 治皮师吴昌黄仙年六十四（叁·2196/25）

由此看来，吴简所记的"丁男"，不仅指强壮的十多岁少年男子，还包括年 60 岁以上的健壮老男。

吴简所记的"丁"的最小年龄为 11 岁（简 386），最大年龄超过东汉"免老"始龄年 60 岁，目前所见是年 64 岁（简 413 和 414）。"丁"的年龄层与三国时期突破"小""免老"年龄界限进行征赋派役的情形相一致。

不仅如此，自秦汉以来，"丁"（壮）常用来形容庶民身状，并出现在律令、文书中。例如，睡虎地秦简《封诊式·贼死》"男子丁壮，析（皙）色，长七尺一寸，发长二尺"。[1] 张家山汉简《二年律令·复律》"丁女子各二人"。[2]《敦煌汉简》简 774 "膈胎已朔酒上多

---

[1] 睡虎地秦墓竹简整理小组：《睡虎地秦墓竹简》，第 35，157 页。
[2] 张家山二四七号汉墓竹简整理小组编著《张家山汉墓竹简〔二四七号墓〕（释文修订本）》，第 47 页。

四、从户籍、课役身分到丁中身分

丁壮相佽奈老何"。[1] 此"丁"指与老、小相对的壮年。

在汉代史籍中"丁"的使用与徭役联系紧密,如《史记·项羽本纪》:"楚汉久相持未决,丁壮苦军旅,老弱罢转漕。"[2]《史记·平津侯主父列传》:"然后发天下丁男以守北河……行十余年,丁男被甲,丁女转输,苦不聊生,自经于道树,死者相望。"[3]《汉书·贾捐之传》:"至孝文皇帝,闵中国未安,偃武行文,则断狱数百,民赋四十,丁男三年而一事。"[4]《汉书·王莽传中》"募天下囚徒、丁男、甲卒三十万人,转众郡委输五大夫衣裘、兵器、粮食"。[5] 此"丁男""丁女"为徭役征发的对象。三国时期仍然如此,《三国志·魏书·胡昭传》"建安二十三年(218),陆浑长张固被书调丁夫,当给汉中"。[6]

汉魏以来,"丁"逐渐成为徭役征发对象的称谓,

---

[1] 甘肃省文物考古研究所编《敦煌汉简》,中华书局,1991年,第249页。
[2] 《史记》卷七《项羽本纪》,第328页。
[3] 《史记》卷一一二《平津侯主父列传》,第2954、2958页。
[4] 《汉书》卷六四下《贾捐之传》,第2832页。
[5] 《汉书》卷九就中《王莽传中》,第4121页。
[6] 《三国志》卷一一《魏书·胡昭传》,第362页。

并逐步向户籍渗透,成为新的身分称谓。不过,吴简户口简所记之"丁",与"筭一"连记(如简397、398、400、401、403),"丁"似乎还不蕴含赋役义务,与汉代情况相似,只是指代徭役征发的对象。随着算赋逐步合并到户调之中,"丁"的年龄层,以及作为派役对象的称谓,与三国时期实际的赋役征派同符合契,于是衍生为新的丁中身分。

西晋将"丁"年确定为年16—60岁,"丁"实际上是化合年16岁以上的"小未傅"、"正卒"、健壮"睆老"而来,成为正役、兵役、赋调的主要承担者。

3. 从"免老"到"(老)次丁""老"

秦和西汉时期,与"老"相关的不仅有"免老",还有"睆老"、"受杖"、"受鬻"以及优养"高年"等,它们的年龄限制也有差别。正因为"老"的含义较为驳杂,年限亦不相同,故很难统一使用身分"老"登录到户口簿籍当中,各类名籍也往往将年60以上称作"大",很少称"老"。从西汉户口簿籍来看,虎溪山汉简"黄簿"按爵位记录了"免老"人数,松柏汉简中有"免老簿",尹湾汉简《集簿》则按年龄记录了"受

四、从户籍、课役身分到丁中身分

杖"人数,青岛土山屯汉简"堂邑元寿二年要具簿"记有"高年二百廿八人"[1],但在秦和西汉户口簿籍中尚未见到课役身分"老"。不过,随着"睆老"的分化,"赐杖""受鬻"和二十等爵制的废弛,而高年优复包含在"免老"年龄之中,"老"的内涵不再驳杂,逐渐注入户口簿籍。

在东汉、孙吴户籍简中,"老"逐步成为户籍中的身分用词。例如,四川渠县城坝遗址J9户口简中,户人年69岁、其妻年62岁,两人皆直接注记了"老"(简136)。吴简中按整理者释文也有不少"老男""老女"的简例,如下:

415. 老男殷□年七十二(壹·5145)
416. 老男谢邸年□□□　单身(壹·5152)
417. 老男胡公年六十一踵两足(壹·5162)
418. 老男黄硕年八十……(壹·5175)
419. 老男□□年七十二踵两足(壹·5199)
420. 老男赵友年六十五(壹·5211)

---

[1] 山东青岛文物保护考古研究所、黄岛区博物馆《山东青岛土山屯墓群四号封土与墓葬的发展》,《考古学报》2019年第3期,第427页。

421. 老男陈州年六十一（壹·5312）

422. 老男田铁年七十四☐（壹·6146）

423. 老男殷☐年八十　☐（壹·6195）

424. 老女黄☐年九十三　……☐（壹·5526）

425. 老男区大☐☐（叁·2615）

426. 老女陈妾年八十五　☐（壹·5364）

427. 声母老女寻年九十五　见（壹·7593）

428. 兴妻老女麦年六十四　兴子公乘平年十五……（壹·8931）

429. 老女☐年九十一（壹·10210）

430. 老女邵汝咕☐☐☐☐☐（叁·2604）

431. 母老女☐年九十一　妻大女☐年七十三（叁·4323）

432. ☐母老女妾年六十二　☐妻大女巡年十五（叁·4332）

433. 设母老女妾年六十三　设男弟斗年十六（柒·2412）

然而，核对图版，上述"老男"、"老女"之"老"的释读存在疑问。除简425因字迹磨灭、漫漶而难以

四、从户籍、课役身分到丁中身分

辨识外,其余简字迹大致可以辨识,特别是简 415、426、427、431 等的字形相对完整,均应改释作"大"。秦汉以来,编户民的户籍身分主要是"小"和"大","大"的年龄层涵括了自 15 岁以上的所有年龄,包含了"老"。吴简户口简中,高年男女称"大男"、"大女"十分常见,[1] 如:

434. 中唐里大男□皮年六十五踵(肿)两足(贰·4487)

435. 大男潘䂮年七十四　䂮妻□☑(贰·3811)

436. 大男周(?)仁年八十三(肆·875)

437. 大男何礼年八十　礼妻大女妾年五十

---

[1] 简 415—424 简文格式比较特殊,皆以"大男/女"起始,并顶格书写。这些户口简所在的采集简第 12 盆中,还出现了 13 枚相同格式的户口简(壹·5140、5178、5181、5183、5310、5566、5610、5640、5644、5688、5769、6026、6180),这类简的形制(长约 24.0 cm,宽约 1.0 cm)、格式("大男/女○○年○○"顶格书写)、笔迹基本相同,"大"字的写法与简 415—424 中的字形一致。吴简各盆中的散简,虽不成坨,但每盆因出自同一采集地点,又因淤泥粘连在一起,它们之间或多或少存在一些关联。这些同在第 12 盆中,与简 415—424 形制、格式、笔迹一致的户口简,皆应属于同一户口簿籍,以"大男/女"起始顶格书写,而非"老男/女"。

礼子男黄年卅荆左足（陆·1076）

438. 大男□芇年九十一踵右足（陆·1737）

439. 大男由光年九十七（陆·3470）

440. 大男潘□年八十五（陆·3501）

441. 大男屈角年八十一盲两目（陆·4593）

442. 大男陈章年八十五踵两足（陆·4599）

443. 大男吴客年九十五　妻视年七十五　子男初年十八（捌·3654）

444. 大男周颅年九十四死　妻汝年卅六　子男野年十八腹心病（捌·3661）

445. 民大女郭思年八十二（壹·8471）

446. ·□弟仕伍文年五岁荆右足　□母大女思年九十八　·（贰·1779）

447. 鲁母大女思年九十七　鲁妻大女□年六十一（肆·2036）

448. 大女周稚年八十一（肆·370）

449. 讳母大女绢年九十一　讳姪子男成年五岁（陆·1166）

450. 吉阳里户人大女赵妾年八十一　訾　五十（陆·1248）

四、从户籍、课役身分到丁中身分

451. 大女悉⬚妾⬚年九十（陆·3514）

452. ⬚阳⬚贵里户人大女马□年八十一　孙子男名年廿一　名妻婢年十五（捌·5348）

453. 大女徐汝年九十三（柒·1947）

454. ⬚声⬚母大女□年九十五　声妻大女楝年廿三（柒·2397）

迄今吴简中仅见1例"老女"身分，如下：

455. 吉阳里户人老女赵妾年八十一（壹·10111）

吴简户口简及其统计简中还常见"老顿""老钝"（如简壹·4257、贰·1705、叁·1990），简455与这些的简例中的"老"字形完全相同。

东汉、孙吴户口简中迄今各见一例身分"老"。该"老"是如何成为课役身分，并写入户籍，进而演变为丁中身分的呢？渠县城坝遗址户口简注记的"老"（简136）已经成为与"筭""卒""笃癃"并列的课役身分，并且已注入户籍。课役身分"老"是如何形成的呢？

学界以往认为秦和西汉时期就形成了课役身分"老",其依据主要是睡虎地秦简、岳麓秦简和张家山汉简中的几条材料,兹列举如下:

456.·百姓不当老,至老时不用请,敢为酢(诈)伪者,赀二甲;典、老弗告,赀各一甲;伍人,户一盾,皆迁之。·傅律(睡虎地秦简《秦律杂抄》)[1]

457.·徭律曰:……凡免老及敖童未傅者,县勿敢使(使)。节载粟乃发敖童年十五岁以上,史子未傅先觉(学)觉(学)室,令与粟事,敖童当行粟而寡子独与老父老母居,老如免老,若独与癃病母居者,皆勿行。(《岳麓书院藏秦简(肆)》)[2]

458.免老、小未傅者、女子及诸有除者,县道勿敢徭使。节(即)载粟,乃发公大夫以下子、未傅年十五以上者。

---

[1] 睡虎地秦墓竹简整理小组:《睡虎地秦墓竹简》,第87页。
[2] 陈松长主编《岳麓书院藏秦简(肆)》,第120页。

四、从户籍、课役身分到丁中身分

> 诸当行粟,独与若〈老〉[1]父母居老如睆老,若其父母罢癃者,皆勿行。金痍、有□病,皆以为罢癃,可事如睆老。(张家山汉简《二年律令·徭律》)[2]

睡虎地秦简《秦律杂抄·傅律》中"·百姓不当老,至老时不用请",整理者注:"老,即免老。"该注与学界通常的理解相一致。[3]那么,简457、458中的所谓"老如免老""老如睆老",是否可以说明"老"已成为一种课役身分,且包含"免老"和"睆老"呢?[4]

---

[1] 何有祖改"若"为"老",可从。何有祖《利用岳麓秦简校释〈二年律令〉一则》,简帛网,2016年3月26日。

[2] 张家山二四七号汉墓竹简整理小组编著《张家山汉墓竹简〔二四七号墓〕(释文修订本)》,第64页。

[3] 按张家山汉简的规定,"免老"按爵级有固定的年龄规定(简28),当时按此规定执行即可。然而,睡虎地秦简却有"至老用请"的规定。或许,在秦始皇十六年(前231)"初令男子书年"之前,发役主要依据身长和身体状况,并无明确而固定的年龄规定,需要通过"请老"(实际上是查看身体状况,并计算年龄)来确认免老。

[4] 学界一般将课役身分"老"理解为免老、老免。与此不同,赵宠亮、张荣强认为,秦汉课役身分"老"包括了"免老"和"睆老"两个阶段。赵宠亮:《先秦秦汉的年龄分层与年龄称谓》,《湖南科技学院学报》2010年第2期,第10页;张荣强:《"小""大"之间——战国至西晋课役身分的演进》,第9、16页。韩树峰则认为,涵盖免老和睆老的"老"是秦汉刑法规定中的特定称谓。韩树峰:《论秦汉时期的"老"》,《简帛》第13辑,上海古籍出版社,2016年,第165—184页。

简457"敖童当行粟而寡子独与老父老母居,老如免老"的句读,何有祖参照简458作了精审校订:"敖童当行粟而寡子独与老父老母居老如免老。"他将该句连读,并认为:"按'居老'之'居',当与秦简常见的'居赀赎债'之'居'同义,指处于某种状态。现有的不同程度的退休人员包括受杖、免老、睆老(简27—29)等,'居老'之'老'可能是其中某一种。如,如同,比拟。"[1]

"居老"应连读为一词,"如"作"如同、比拟"解,皆可从。但是,"居老"的词义,或可另作解释。在该律文中,"独与老父老母居老""独与老父母居老"为主语,指子辈单独与老年父母同居赡养老年父母。"如",谓语,作如同解。[2]"免

---

[1] 何有祖:《读岳麓秦简肆札记(一)》,简帛网,2016年3月24日。
[2] 秦汉律令中,"如"字的这一用法颇为常见。如:睡虎地秦简《秦律十八种·司空律》:"隶臣妾、城旦舂之司寇、居赀赎债(债)殹(系)城旦舂者,勿责衣食;其与城旦舂作者,衣食之如城旦舂。"(第52页)《效律》:"其吏主者坐以赀、谇如官啬夫。其它冗吏、令史掾计者,及都仓、库、田、亭啬夫坐其离官属于乡者,如令、丞。"(第75页)张家山汉简《二年律令·亡律》:"奴婢为善而主欲免者,许之,奴命曰私属,婢为庶人,皆复使及筭,事之如奴婢。"(第30页)睡虎地汉简《户律》:"民欲先令相分田宅、奴婢、财物,乡部啬夫身听其令,皆参辨券书之,辄上县道廷。徭使、吏官属欲先令,自言官及过在所县道官若稗官有印者,听券书上其廷,移居县道,居县道皆封臧(藏)如户籍。"熊北生、陈伟、蔡丹:《湖北云梦睡虎地77号西汉墓出土简牍概述》,《文物》2018年第3期,第49页。

四、从户籍、课役身分到丁中身分

老""睆老",乃课役身分。整句话的意思是:子辈单独与老年父母同居养老者,其课役如同"免老""睆老",[1]而不

[1] 学界目前通行的看法是,将"免老""睆老"视为"老父母"的标准、条件。例如,王笑认为:"岳麓秦简中'老父老母'的标准是'免老',而张家山汉简中'老父母'的标准则是'睆老',而睆老的年龄比免老的年龄要小,秦律中规定独子的父母的年龄达到免老才能不去行粟,而到了汉初,只要独子的父母的年龄达到了睆老就可以不去行粟,这也再次印证了汉初的法律规定比秦时宽松很多。"王笑:《秦汉〈徭律〉研究》,湖南大学硕士学位论文,2016年,第38页。韩树峰的意见是:"'老如免老'之'老'即'老父老母'。""'老'既不等同于睆老,也不等同于免老,而是两者的概括性称呼。"韩树峰:《论秦汉时期的"老"》,第176页。张荣强的看法是:"'如'可解释为'当也'。同样是'寡子独与父母居'免役的条件,岳麓简要求同居的父母必须到了'免老'的年龄,张家山汉简则放宽到'睆老'的年龄就可以了。显然汉初的规定要较秦宽松。"张荣强《"小""大"之间——战国至西晋课役身分的演进》,第16页。按照我们的理解,"独与老父老母居老""独与老父母居老"者,虽然不用行粟,但汉代事役负担相比秦律的规定有所加重,秦代直接"免老",而汉代为"睆老"。从一些规定和史实来看,汉初徭役制度根据现实情况进行了调整。例如,岳麓秦简《徭律》规定:"补缮邑院、除田道桥、穿汲[波(陂)]池、渐(堑)奴苑,皆县黔首利殿(也),自不更以下及都官及诸除有为殿(也),及八更,其睆老而皆不直(值)更者,皆为之。"(第118页)张家山汉简《二年律令·徭律》则调整为:"补缮邑院、除道桥、穿波(陂)池、治沟渠,堑奴苑,自公大夫以下☐"(第64页),将爵位限制从"不更"提高到"公大夫",扩大了发役的群体。秦汉之际,尤其是楚汉相争的过程中,实际发徭较以往有所加重。例如,汉二年(前205),"萧何亦发关中老弱未傅悉赴荥阳"(《史记》卷七《项羽本纪》,第324页)。汉初将"独与老父母居老"视为"睆老",其事役相比秦代有所加重,与上述规定和史实相一致。

必行粟。张家山汉简《二年律令·徭律》这条律文的后一句"金痍、有□病，皆以为罢癃可事如睆老"，就是同类的表述方式。即金痍、有□病这类罢癃可事者的课役如同睆老。又如，张家山汉简《二年律令·傅律》规定："民产子五人以上，男傅，女十二岁，以父为免□者，其父大夫也，以为免老。"[1]这同样是以"免老"来衡量课役的轻重与优免。

对于"独与老父母居老"，汉代律令还有具体的规定。按张家山汉简《二年律令·户律》曰："老年七十以上，毋异其子；今毋它子，欲令归户入养，许之。"[2]"老父母"的年龄要达到七十岁以上才可以与子"居老"。简457、458中，无论是"老父母"之"老"，还是"居老"之"老"，严格来说，都还不是课役身分，前者指"老年七十以上"，后者指"养老"。秦及汉初的律令中，与"小未傅"等课役身分同类的是"免老""睆老"，而不是"老"。这一时期，"老"多为年龄、身体状况的描述，如睡虎地秦简《为吏之道》："老弱

---

[1] 张家山二四七号汉墓竹简整理小组编著《张家山汉墓竹简〔二四七号墓〕(释文修订本)》，第58页。

[2] 张家山二四七号汉墓竹简整理小组编著《张家山汉墓竹简〔二四七号墓〕(释文修订本)》，第55页。

四、从户籍、课役身分到丁中身分

独传""老弱癃病"(岳麓秦简《奔敬(警)律》亦规定:"黔首老弱及癃病,不可令奔敬(警)者,牒书署其故,勿予符。")等。[1] 从这些情况来看,秦和西汉初"老"还难以认定是课役身分。

秦和西汉初年"老"应当尚未成为课役身分,其中一个很重要原因是,与年老相关的身分名目甚多,如:睆老、免老、受杖、受鬻;而且因为爵级的不同,睆老、免老、受杖、受鬻等的年龄存在差异(简27—30)。"老"要成为课役身分,最基本的要求是便于日常管理,且含义不能过于驳杂。

课役身分"老"因年老而不事,应是从"免老"发展而来的,与半役的"睆老"没有直接的关联。荆州纪南松柏汉简中有新傅簿、复事算簿、见卒簿、罢癃簿、免老簿等,且"免老簿、新傅簿、罢癃簿"登记在同一枚木牍上(简106),未见"睆老簿"。如果当时存在"睆老簿","睆老簿"就应与"免老簿"前后连记。然而,简106"免老簿"前后分别为"罢癃簿""新傅簿",并无"睆老簿"。

---

[1] 睡虎地秦墓竹简整理小组:《睡虎地秦墓竹简》,第170页;陈松长主编《岳麓书院藏秦简(肆)》,第127页。

按汉代律令"罢癃可事如睆老","罢癃"（可事者）与"睆老"的课役应当基本相同，可以合并。居延汉简有这样一枚简：

459. 明君年卌一睆老不□（58.20）[1]

按汉初律令关于睆老的年龄规定（简27），"明君年卌一"远未达到睆老之年，这里标注"睆老"，实际上相当于罢癃（可事者），其课役如同睆老。

除了与"罢癃"（可事者）合并之外，还有一部分"睆老"逐渐分化，分别与"免老""正卒"相融合。西汉中后期，"免老"优待扩大并逐步整合年龄，例如，《汉旧仪》云：

秦制二十爵。男子赐爵一级以上，有罪以减，年五十六免。无爵为士伍，年六十乃免老。[2]

---

[1] 红外线图版及释文参见简牍整理小组：《居延汉简（壹）》，中研院历史语言研究所，2014年，第188页。

[2] （清）孙星衍等辑，周天游点校《汉官六种》，第85页。"老"，孙星衍改作"者"。

四、从户籍、课役身分到丁中身分

如前所论,这里反映的应当是在《汉旧仪》的制作年代,不再按爵等制定多个免老年龄,统一规定有爵者56岁,无爵者60岁免老,《汉旧仪》即以此来比附秦制。与此规定相仿,《盐铁论·未通》云:

> 御史曰:今陛下哀怜百姓,宽力役之政,二十三始傅,五十六而免,所以辅耆壮而息老艾也。丁者治其田里,老者修其唐园,俭力趣时,无饥寒之患。
>
> 文学曰:今五十已上至六十,与子孙服挽输,并给徭役,非养老之意也。[1]

御史、文学分别以56岁、60岁为免老始龄,应当也是上述制度规定"有爵者56岁,无爵者60岁免老"的反映。"免老"制度的调整,实际上是将"不更年五十八,簪袅五十九,上造六十,公士六十一"睆老划入有爵者免老,同时将"公卒、士五六十二"睆老划入无爵者免老。后来,"簪""卒"课役调整至年

---

[1] 王利器校注《盐铁论校注》卷三《未通》,第192页。

60岁免老,原属"睆老"而后属"免老"的部分健壮的男子转而成为正役、赋调的承担者,其中老衰的男子则并入"微癃"或"笃癃"。

"睆老"与"罢癃""免老""正卒"的化合,不仅不会妨碍课役,反而为"老"剥离混杂的内涵,进而形成课役身分提供了条件。西汉中期已降至东汉的传世文献中,基本上只见课役身分"免老"。随着民爵的轻滥,免老的年龄进一步统一为60或61岁。"免老"年龄的固定化,为课役身分"老"的形成做好了准备。据居延汉简记录:

460.□令赐一级,元康四年令,,女□□(162.6)

461.□老 故小男,丁未、丁未、丙辰、戊寅、乙亥、癸巳、癸酉令赐各一级,丁巳令赐一级。(162.7)

462.豆□□□ 公乘邺池阳里解清 老 故小男,丁未、丁未、丙辰、戊寅、乙亥、癸巳、癸酉令赐各一级,丁巳令赐一级(162.10)

463.豆卌七 公乘邺宋里戴通 卒 故小

四、从户籍、课役身分到丁中身分

男,丁未、丁未、丙辰、戊寅、乙亥、癸巳、癸酉令赐各一级,丁巳令赐一级。(162.14)

464.豆卌三　公乘邺京里马丙　大　故小男,丁未、丁未、丙辰□☒(162.15)[1]

在这批登记汉宣帝元康四年(前62)赐爵的材料中,[2]注明了获爵者的身分"大""卒""老"(还包括"小男")。在这里,"老"虽然与"大""卒"并记,但是,"老"还不是与"大"同等的身分。汉代"老"以及"卒"一般涵括在"大"之内。汉代赐民爵,无论"小""大""卒""老"皆可获得和保有爵位,因而这类材料对身分的记录并不太严格,在记录"卒""老"相对准确的身分的同时,也杂记内含多种身分的"大"。虽然我们还不能确认,简461、462注记的"老"当时已经成为课役身分,甚或写入户籍,但是,"老"

---

[1] 释文及红外线图版参见谢桂华、李均明、朱国炤《居延汉简释文合校》,文物出版社,1987年;简牍整理小组《居延汉简(贰)》,中研院历史语言研究所,2015年,第156—158页。

[2] 关于这批史料的分析,可参见西嶋定生《中国古代帝国的形成与结构——二十等爵制研究》第二章第二节《民爵赐予的方法》,武尚清译,中华书局,2004年,第194—225页。

此时毫无疑义已经成为一种身分。身分"老"的形成与"免老"年龄的固定化（以及"睆老"的消退）密切相关。

迄今我们能够完全确认汉代"老"作为课役身分出现的史料只有四川渠县城坝遗址J9汉代户口简（简136）。结合简123—126来看，东汉课役身分主要是"筭""卒""笃癃"（如前所论，可能还有与"笃癃"相对的"微癃"）、"老"，这些身分基本上都还包含在"大"之内。

既然东汉后期"老"已成为与"筭""卒""笃癃"等性质相同课役身分，为何孙吴户口简中未见普遍著录"老"？从吴简户口简众多高年男女称"大"的情形来看，虽然简455明确记录了"老女"一词，但这一特例并不能说明孙吴"老"已经成为与"小""大"平等的户籍身分，此"老女"的记录应是偶尔为之，可涵括在身分"大"之内。该简所属"嘉禾四年小武陵乡吏民人名妻子年纪簿"中，其他高年男女都记作"大"，

四、从户籍、课役身分到丁中身分

而非"老"。[1]

然而,"老(女)"毕竟已经写入东汉、孙吴户口简当中,即使还不是法定的身分称谓(或前后有所调整),似乎也可以视作是户籍中开始萌生的一种身分。同时,吴简户口簿籍中,常见对"老顿"的集计,如:

465. ☑　其八户 老 顿穷独女户　·☑(贰·604)

466. 其十六户老顿穷独女户下品(贰·634)

467. ·其五户尪羸老顿贫穷女户(贰·1705)

468. ·其七户尪羸老顿贫穷女户　☑(贰·2036)

469. 其七户尪羸老顿贫穷女户(贰·2307)

470. 其五户贫羸老顿不任 役 (柒·5491)

"老顿"在有的集计简中省记作"老",如:

---

[1] 具体整理与研究请参见凌文超《走马楼吴简采集简"户籍簿"复原整理与研究——兼论吴简户籍簿的类型与功能》,收入其著《走马楼吴简采集簿书整理与研究》,第96—153页。

471. ☑其四户穷老女户不任调役[1]☑（贰·3153）

472. ☑其卅四户各穷老及刑踵女户下品之下不任调役（叁·6327）

473. 其卌户各穷老及刑踵女户下品之下不任调役（叁·6375）

474. ☑ 其廿一户穷老女户不任调[2]役（陆·772）

475. 其十五户穷老不任役（柒·5526）

476. 其十二户尪羸穷老不任役（柒·5884）

477. 其六十一户孤寡穷老不任役（捌·192）

478. 其十三户刑踵贫穷老孤寡不任役（捌·490）

479. 其五户穷老不任役（捌·1699）

480. 其一户穷老女户不任役 下品之下（捌·3620）

简471—480"穷老"即"老顿贫穷"（如简467—

---

[1] "不任调役"，原释作"一人□□物 故"，今据图版改。
[2] "调"，原释作"亲"，今据图版改。

469）之省。"老顿"，在"隐核州、军吏父兄子弟簿"中作"老钝"，[1] 如：

481. 军吏郑暹（叁·1783/24）
482. 暹父客年六十五盲两目老钝（叁·1767/24）
483. 暹从兄头年七十一 老钝（叁·1764/24）
484. 州吏樊嵩（叁·1815/24）
485. 嵩祖父华年七十六 老钝（叁·1772/24）
486. 其四人老钝刑病（叁·1994/24）
487. 其一人老（？）钝（？）（叁·2968/27）

"老钝"，顾名思义，即年老迟钝。他们与"细小"一样，为免役群体，如：

488. 军吏潘圭 圭父尽年七十二 老钝（叁·1588/24）

---

[1] 隐核州军吏父兄子弟簿的整理与研究，请参见凌文超《走马楼吴简隐核州、军吏父兄子弟簿整理与研究——兼论孙吴的吏民分籍及在籍人口》，《中国史研究》2017年第2期，收入其著《吴简与吴制》，第103—136页。

489. 尽男弟引年卅五刑右足 一名改（叁·1861/24）

490. 圭叔父常年七十一老钝踵两足（叁·1819/24）

491. 常男弟阳年六十八（叁·1760/24）

492. 阳子男佳年十七任给吏（叁·1820/24）

493. 阳男弟成年卅三刑右手给□任帅（叁·2010/24）

494. 常姪子男见年廿苦瘨病（叁·1789/24）

495. 圭叔父加年卅二 任给吏（叁·1769/24）

496. 圭男弟嵩年十二细小（叁·1761/24）

497. 圭男弟侯年十八盲左目（叁·2001/24）

498. 侯男弟囊年十二细小（叁·1826+1895/24）

499. 军吏烝昭（叁·1793/24）

500. 昭父尾年七十老钝（叁·1762/24）

501. 昭子男聪年七岁细小（叁·1812/24）

502. 其二人老钝细小（叁·3009/27）

简390潘常年71岁注记"老钝"，简391其弟潘

四、从户籍、课役身分到丁中身分

阳年68岁却未注记"老钝"。孙吴为了尽可能地扩大役力来源,免除课役(不任役)的条件,仅仅年老还不够,还需要附加行为迟钝等不能任役的条件。孙吴时期的"老钝"同时需要满足年龄和课役(不任役、免役)两个条件,这就为丁中身分"老"的创设提供了基础。

孙吴户口简中编户民年60岁以后注记"筭""吏役"的简例常见。首先来看注记"筭一"的相关简例:

503. 妻妾年六十一筭一(柒·5221)
504. 大男周庆(?)年六十二筭一(肆·308)
505. 白姊聟五生年六十二筭一(柒·945)
506. 窟姊聟五坐年六十二筭一(捌·1140)

部分已过"免老"年龄的庶民需要缴纳筭钱。[1] 其中,简505、506所记的"五生""五坐","生""坐"形近易讹,可能是同一人。其"赘婿"身分也比较特

---

[1] 还有一例疑似大女年七十纳筭的简例:小赤里公乘大女祁如年七十筭一(伍·2373)。不过,核对图版,"大女"笔迹残缺,难以确认;"七十筭一"笔迹漫漶,难以辨识,年龄疑误。

殊。老年男女缴纳筭赋是否也与其身分有关待考。从简503、504来看，孙吴应当筭及年过60岁部分健壮的老年人。

吴简中年过60岁服役更为常见。这一时期的民役似可分为"(给)吏"与"给役"。首先来看"(给)吏"的简例：

> 507.□阳里户人公乘何统年六十一真吏（壹·9356）
> 508.吏杜絮年六十三（捌·705）
> 509.县吏潘栋年六十四（贰·1907）
> 510.县吏黄讳年六十四　讳妻大女州年五十　讳子男原年廿九　给县吏（陆·1066）
> 511.宜阳里户人公乘黄阿年八十一[1]真吏（壹·9360）

简511所记真吏黄阿"年八十一"笔迹残缺，疑误，暂不作讨论。迄今所见孙吴"(给)吏"可以确定

---

[1] "八十一"，核对图版，笔迹残缺，疑作"卌一"。

四、从户籍、课役身分到丁中身分

的最大年龄为年64岁。"给役"简例更多,年龄也更高,如:

512.民大女郭思年八十三　思子公乘□年六十一给子弟(贰·1818)

513.民男子胡健年六十一□士限佃(贰·2125)

514.夫秋里户人公乘佃帅龚溲年六十一(捌·2179)

515.子弟谢狗年六十二　·(贰·1968)

516.子弟蔡困年六十二(贰·2015)

517.民男子蔡乔年六十二给驿兵　桥妻大女典年卌八箒(贰·1903)

518.富贵里户人公乘佃客文元年六十二　腹心病(捌·1160)

519.民男子蔡指(?)年六十四刑手养宫牛妻大女枚年五十五刑左手(贰·2011)

520.·张父公乘赍年六十五给子弟　赍妻大女举(?)年五十四踵右足(贰·1904)

521.嘉禾四年广成里户人公乘朱芫年六十六

荆左足给亭杂人（肆·2042）

522. 民男子朱苌年六十七□□亭复人　苌妻大女礼年卅三筭一　·（贰·1773）

523. 私学番｜胆｜年｜六｜[1]十七　妻汝年五十二子男生年五岁（捌·3643）

524. □｜年｜卅一盲右目　□贵年六十八常限客贵妻誉年五十三踵右足（壹·8514）

525. □□烝勤年六十八苦腹｜心｜病给养官牛（贰·2498）

526. ｜富｜贵里户人公乘吏客监腊年七十一（捌·2045）

527. □妻□年廿六　□父收年七十二常佃私归（陆·866）

528. 阳贵里户人公乘蔡霸年七十六荆左手□吏客（肆·1727）

529. ·□男姪噶年九岁　·敢（？）父公乘利年八十给子弟（贰·1680）

530. 大男周尊年八十二　　给佃

---

[1] "六"，核对图版，笔迹残缺，应改释作"五"。

四、从户籍、课役身分到丁中身分

帅　·（伍·2903）

531. 民男子杨明年八十六给驿兵　明妻大女敬年六十二（贰·1778）

其中，"给驿兵"不仅有年62岁的蔡乔（简517），还有年86岁的杨明（简531）。迄今吴简中所见杂役的承担者年过60岁的有十多例，年过70岁甚至80岁的各有数例。总的来看，孙吴时期男子年过60岁给吏、给役是比较常见的现象，更多地集中在年61—68岁老年男子身上。不过，这类年过60岁的男子服吏役较少，而给杂役较多，应是考虑了他们的身体状况而多从事较轻的力役。

三国时期，征役的扩大，原来"免老"男子也成为给吏、给役的对象。从吴简记录来看，多见六十多岁的男子服役，甚至年七八十岁仍给役。曹魏情况大致相同，《三国志·魏书·陈留王传》云："今部曲皆年耆，卧在床席，非糜不食，眼不能视，气息裁属者，凡三十七人。"[1]《礼记·曲礼上》云:"六十曰耆。"[2] 据此,陈留王私兵六十多岁也仍未解除兵役。这应是当时终身服役、代际相仍的"士家"和"吏户"制度的反映。[3] 由于终身服役,年龄的限制作用式微,而身体条件转而又成为是否服役的重要依据,故吴简"隐核州、军吏父兄子弟簿"中多见"细小""老钝"注记。"细小"应是推迟服役的注记,而"老钝"则是免役的必要条件。

汉代的"免老"到魏晋时期分化为两类老年群体:身体仍然强健者仍为课役的对象(多从事较轻力役),

---

[1]《三国志》卷一九《魏书·任城陈萧王传》,第575页。

[2] (汉)郑玄注《礼记》卷一《曲礼上》《十三经古注》第5册,中华书局,2014年,第2页。

[3] 参见唐长孺《〈晋书·赵至传〉中所见的曹魏士家制度》,收入其著《唐长孺文集》第1卷《魏晋南北朝史论丛》,第27—33页;唐长孺《魏晋南北朝时期的吏役》,《江汉论坛》1988年第8期,收入其著《唐长孺文集》第6卷《山居存稿续编》,第133—152页;曹文柱《略论东晋南朝时期的"吏"民》,《北京师院学院学报(社会科学版)》1982年第2期;孟彦弘《吴简所见的"子弟"与孙吴的吏户制——兼论魏晋的以户为役之制》,武汉大学中国三至九世纪研究所编《魏晋南北朝隋唐史资料》第24辑,2008年,收入其著《出土文献与汉唐典制研究》,北京大学出版社,2015年,第68—90页。也有学者否定孙吴"吏户"的存在,请参看黎虎《先秦汉唐史论(下)》,北京师范大学出版社,2016年。

四、从户籍、课役身分到丁中身分

年高且迟钝者免役（老钝）。西晋创设丁中制时，将前者的年龄确定为年61—65岁，是为《晋书·食货志》记载的"（老）次丁"。"（老）次丁"在郴州晋简"计阶簿"中的登记格式"年六十一以上六十五以还老男"（简7），反映了"（老）次丁"脱胎于"（免）老"的事实。"（老）次丁"半课，但是，它与"睆老""罢癃"没有直接的关联，而是魏晋时期向部分原本免课而身体康健的"免老"者课役的结果。具体而言，西晋初年在徭役减轻的情形下，官方在东汉以来原本"免老"但三国时期大多实际上仍然从役的老年群体中，划出部分年龄较小者（六十一以上六十五以还）从事较轻的力役，以示优待的结果。"老钝"则衍生为"老"，不事。

总而言之，秦和西汉初年，"老"可能还不是课役身分，当时具体的课役身分是"免老"和"睆老"。西汉中期以后，一部分"睆老"汇入"正卒"，另一部分"睆老"逐渐与"罢癃"合并；"免老"始龄逐渐固定为60岁或61岁，并逐步发展成为身分"老"。至迟东汉后期，"老"演变为与"筭""卒"等性质相同的课役身分。三国时期，为了尽可能扩大赋役来源，"免老"在年老条件的同时，附加了"钝（迟钝）"等条件，以致

60岁以上有行动能力的老者大都从役。西晋建立后，局势缓和，事役需求减少，除了部分年龄较小（61—65岁）的老者服半课（这类"〔老〕次丁"后来被取消）；66岁以上为老免，丁中身分"老"正式形成。

五、结 语

丁中制在先秦秦汉三国经历了漫长的衍生期,至西晋初年才形成比较系统的制度。丁中身分的定制并非一蹴而就,而是户籍、课役身分经过多个阶段的数次调整与演变,才逐渐形成兼具年龄分层与赋役义务的丁中身分,进而发展为成熟的制度。

春秋战国时期,课役的主要对象逐渐由土地、家户转移至个别人身,早期"丁中制"开始萌发。官方延续了此前以身高为主要依据,按身高6尺为界点,划分自然身分"小"与"大"。"小"不任役,"大"可任役。庶民老免则由官方根据身状和年龄加以认定。

秦后期至西汉前中期,随着户籍制度、爵制以及赋役制度的发展,年龄取代身高作为课役的主要依据,并逐步形成以户籍身分"小""大"与课役身分"筹

（人）""敖童（小未傅）""新傅""正卒""睆老""免老""罢癃"等相结合进行征赋派役的模式。户籍身分"小""大"继承了先秦以来区分庶民是否课役的功能。各类课役身分是对户籍身分"大"的细化，具体表示赋役征派义务及其轻重。爵制通过对各课役身分年龄分层的调节实现对高爵者的优待。爵级越高，傅籍年龄越大，睆老、免老年龄越小。然而，户籍身分与课役身分大致对应而不契合。由于各类课役身分内涵更为具体，且在户口簿籍中明确注记，身分"大"（尤其是男子）在户籍中逐渐消退。

西汉后期至东汉时期，随着民爵的轻滥及其机能的松弛，民爵级别的高低对课役年龄分层的影响日渐式微，课役身分因爵级不同而形成的不同年龄分层最终被整合。同时，随着赋役制度的调整，例如更卒之役改为更赋征收，东汉徭役有所减轻，并取消地方常备兵，[1]庶民主要承担临时性的徭役。原来与爵制联系紧密的"新傅""睆老""免老"等也随着二十等爵制的瓦解而逐渐消散。赋、役征派的年龄分层逐渐趋同，

---

[1] 参见林甘泉主编《中国经济通史·秦汉（下）》第十六章《徭役》（马怡撰），第536—541页。

并开始稳定在年15岁至年60岁,原来半役的"小未傅"以及部分"睆老"逐步被纳入课役人群。户口簿籍中具体登记"筭""卒""老"以及具体的派役注记。课役身分进一步简化,而赋役注记日益繁复而具体。

三国时期征役繁苛,实际赋役征派发生急剧变动。汉代以来的户籍身分和课役身分随之分化、融合,衍生出赋役内涵比较确定的新身分"小""丁""老"。原来相对稳定的年龄分层日益瓦解,突出地表现在以往免役的部分年15岁以下、年60岁以上的健壮庶民开始承担相对较轻的劳役,原来"小""老"身分之内又分化出新的半役人群。新赋役征派、新年龄分层与相应的新课役身分"小""丁""老"以及半役人群开始出现并逐渐定型,进而在日常赋役征派中日益化合而催生出丁中身分。

西晋在此基础上,根据平吴之后赋役相对缓和的状况创设了丁中老小之制。曹魏、孙吴庶民年12岁左右始役,因而西晋丁中制规定年12以下为"小",免课。曹魏、西晋庶民16、17岁,孙吴15岁始服兵役,西晋丁中制就整合为年16以上为"正丁",他们是兵役和徭役的主要承担者。从吴简户口简来看,孙吴老免年龄比汉代60岁推迟了，这在征役频仍的三国时期当是普遍现象，并且三国时期逐渐形成只要身体条件许可就需要终身服役、世代沿袭的"士家""吏户"，西晋丁中制根据这种状况，设定年66以上为"老"，不事。三国时期健壮的少年和入老男子多服役，对此西晋在"丁"与"老""小"之间划出年13—15岁和年61—65岁的"半课"人群。至此，丁中老小身分本身就意味着不同的年龄分层和赋役义务，故西晋以后的户籍不再详细记录户籍身分和赋役注记，只需直接记录丁中身分。

西晋丁中制与秦汉三国"前丁中制"相比较，其成熟完备之处主要表现在：首先，西晋划定丁中身分的主要依据是年龄，而"前丁中身分"不仅有身高、年龄、健康状况等自然身分，还受到爵制、婚姻等的强烈影响。随着行政制度的发展、年龄的天然优势以及二十等爵制的废弛，年龄逐渐成为划分丁中身分的主要依据，使得征派赋役的依据更为简易。

其次，丁中身分取代了户籍身分与赋役注记相结合的方式。汉代赋役征派与算赋制度、徭役制度和爵制有关，各项制度并未参照共同标准进行统一规定，

五、结　语

故各种规定所对应的年龄分层有差异，不利于统一丁中身分的形成。对于"人口""筭人"收钱，"傅籍""睆老""免老"课役，以及"受杖""受鬻"等优待，汉代皆以身分"大"（涵盖了"老"）来容纳。随着口筭钱并入户调，爵制影响的退出，实际徭役征发的变动，与徭役征发相关且对应着明确年龄分层的"丁""老""小"等逐步与相应的徭役征派相结合，从而衍生出丁中身分。丁中身分的出现，使得徭役征发较此前变得相对简单。

再次，丁中身分的内涵更加明确，且便于年龄分层和赋役征派的调整。"丁"与"老"、"小"相对，相比"大"（涵盖了"老"）在年龄分层上更准确，"丁"的准确性决定了它将最终取代"大"而成为制度上的更佳称谓。"老"明确指老免，其含义不再驳杂。在"丁"与"老""小"之间创设了"半课"年龄分层（当时制度上可能没有"次丁"之名）。这类"半课"既延续三国征课"老""小"的事实，又继承了秦汉以来的"半役"精神。"半课"的定制，使官方很难再突破"老""小"界限来扩大赋役征发。此后，"丁中制"基本上延续着这一格局，有变化的只是年龄分层以及"中"的调整。

参考资料

传世文献

[1]《周礼注疏》,(唐)贾公彦疏,(清)阮元校刻《十三经注疏》,中华书局影印本,1980年。

[2]《周礼正义》,(清)孙诒让撰,中华书局,1987年。

[3]《礼记》,(汉)郑玄注,《十三经古注》第5册,中华书局影印本,2014年。

[4]《礼记正义》,(唐)孔颖达等撰,(清)阮元校刻《十三经注疏》,中华书局影印本,1980年。

[5]《春秋经传集解》,(晋)杜预撰,《十三经古注》第六册,中华书局,2014年。

[6]《史记》,中华书局,1982年第2版。

[7]《汉书》,中华书局,1962年。

[8]《后汉书》,中华书局,1965年。

[9]《三国志》,中华书局,1982年第2版。

[10]《晋书》,中华书局,1974年。

[11]《宋书》,中华书局,1974年。

[12]《魏书》,中华书局,1974年。

[13]《隋书》,中华书局,1973年。

[14]《逸周书汇校集注》,黄怀信、张懋镕、田旭东撰,上海古籍出版社,1995年。

[15]《战国策笺证》,(汉)刘向集录,范祥雍笺证,范邦瑾协校,上海古籍出版社,2006年。

[16]《盐铁论校注》,王利器校注,中华书局,1992年。

[17]《水经注校证》,陈桥驿校证,中华书局,2007年。

[18]《通典》,(唐)杜佑撰,中华书局,1988年。

[19]《汉官六种》,(清)孙星衍等辑,周天游点校,中华书局,1990年。

[20]《汉律摭遗》,(清)沈家本撰,邓经元、骈宇骞点校,《历代刑法考》第3册,中华书局,1985年。

[21]《吕氏春秋新校释》,陈奇猷校释,上海古籍出版社,2002年。

[22]《说苑校证》,(汉)刘向撰,向宗鲁校证,中华书局,1987年。

［23］《论衡校释》，黄晖撰，中华书局，1990年。

［24］《中论校注》，徐湘霖校注，巴蜀书社，2000年。

［25］《世说新语》，（南朝宋）刘义庆撰，（南朝梁）刘孝标注，中华书局，1999年。

［26］《文馆词林校证（日藏弘仁本）》，许敬宗编，罗国威整理，中华书局，2001年。

出土文献

［1］睡虎地秦墓竹简整理小组《睡虎地秦墓竹简》，文物出版社，1990年。

［2］陈伟主编《秦简牍合集》，武汉大学出版社，2014年。

［3］湖南省文物考古研究所、湘西土家族苗族自治州文物处、龙山县文物管理所《湖南龙山里耶战国——秦代古城一号井发掘简报》，《文物》2003年第1期。

［4］湖南省考古研究所编著《里耶发掘报告》，岳麓书社，2007年。

［5］湖南省文物考古研究所编著《里耶秦简》（壹）（贰），文物出版社，2012年、2017年。

[6] 陈伟主编《里耶秦简牍校释》(第1、2卷),武汉大学出版社,2012年、2018年。

[7] 里耶秦简博物馆等编著《里耶秦简博物馆藏秦简》,中西书局,2016年。

[8] 陈松长《岳麓书院所藏秦简综述》,《文物》2009年第3期。

[9] 陈松长主编《岳麓书院藏秦简(肆)》,上海辞书出版社,2015年。

[10] 湖北省荆州博物馆《荆州高台秦汉墓》,科学出版社,2000年。

[11] 湖北省博物馆编《书写历史——战国秦汉简牍》,文物出版社,2007年。

[12] 张家山二四七号汉墓竹简整理小组《张家山汉墓竹简〔二四七号墓〕》,文物出版社,2001年。

[13] 张家山二四七号汉墓竹简整理小组《张家山汉墓竹简〔二四七号墓〕(释文修订本)》,文物出版社,2006年。

[14] 彭浩、陈伟、工藤元男主编《二年律令与奏谳书——张家山二四七号汉墓出土法律文献释读》,上海古籍出版社,2007年。

[15] 荆州博物馆《湖北荆州谢家桥一号汉墓发掘简报》,《文物》2009年第4期。

[16] 湖北省文物考古研究所编《江陵凤凰山西汉简牍》,中华书局,2012年。

[17] 熊北生、陈伟、蔡丹《湖北云梦睡虎地77号西汉墓出土简牍概述》,《文物》2018年第3期。

[18] 湖南省文物考古研究所、怀化市文物处、沅陵县博物馆《沅陵虎溪山一号汉墓发掘简报》,《文物》2003年第1期。

[19] 荆州博物馆《湖北荆州纪南松柏汉墓发掘简报》,《文物》2008年第4期。

[20] 荆州博物馆《荆州重要考古发现》,文物出版社,2009年。

[21] 连云港市博物馆、中国社会科学院简帛研究中心、东海县博物馆、中国文物研究所编《尹湾汉墓简牍》,中华书局,1997年。

[22] 天长市文物管理所、天长市博物馆《安徽天长西汉墓发掘简报》,《文物》2006年第11期。

[23] 青岛市文物保护考古研究所、黄岛区博物馆《山东青岛土山屯墓群四号封土与墓葬的发掘》,

《考古学报》2019年第3期。

[24] 中国社会科学院考古研究所编《居延汉简甲乙编》，中华书局，1980年。

[25] 谢桂华、李均明、朱国炤《居延汉简释文合校》，文物出版社，1987年。

[26] 劳榦编《居延汉简图版之部》，中研究历史语言研究所，1957年。

[27] 简牍整理小组《居延汉简》（壹）（贰）（叁）（肆），中研院历史语言研究所，2014年、2015年、2016年、2017年。

[28] 甘肃省文物考古研究所编《敦煌汉简》，中华书局，1991年。

[29] 甘肃省文物考古研究所、甘肃省博物馆、中国文物研究所、中国社会科学院历史研究所编《居延新简》，中华书局，1994年。

[30] 甘肃简牍保护研究中心、甘肃省文物考古研究所、甘肃省博物馆、中国文化遗产研究院古文献研究室、中国社会科学院简帛研究中心编《肩水金关汉简》（壹）（贰）（叁）（肆）（伍），中西书局，2011年、2012年、2013年、2015年、

2016年。

［31］ 银雀山汉墓竹简整理小组《银雀山汉墓竹简〔壹〕》，文物出版社，1985年。

［32］ 长沙市文物考古研究所、中国文物研究所编《长沙东牌楼东汉简牍》，文物出版社，2006年。

［33］ 长沙市文物考古研究所编《长沙尚德街东汉简牍》，岳麓书社，2016年。

［34］ 四川省文物考古研究院《宕渠之城 跃然简上——四川渠县城坝遗址考古发掘取得重大收获》，《中国文物报》2018年10月9日第4版。

［35］ 四川省文物考古研究院、渠县历史博物馆《四川渠县城坝遗址》，《考古》2019年第7期。

［36］ 长沙文物考古研究所/长沙简牍博物馆、中国文物研究所/中国文化遗产研究院、北京大学历史学系、故宫研究馆古文献研究所走马楼简牍整理组编著《长沙走马楼三国吴简·竹简》〔壹〕〔贰〕〔叁〕〔肆〕〔伍〕〔陆〕〔柒〕〔捌〕，文物出版社,2003年、2007年、2008年、2011年、2018年、2017年、2013年、2015年。

［37］ 湖南省文物考古研究所、郴州市文物处《湖南

郴州苏仙桥遗址发掘简报》，湖南省文物考古研究所编《湖南考古辑刊》第8集，岳麓书社，2009年。

[38] 荣新江、李肖、孟宪实主编《新获吐鲁番出土文献》，中华书局，2008年。

专著、论集（含学位论文）

[1] 中国大百科全书总编辑委员会《中国历史》编辑委员会、中国大百科全书出版社编辑部编《中国大百科全书·中国历史（缩印本）》，中国大百科全书出版社，1994年。

[2] 陈槃《汉晋遗简识小七种》，史语所专刊之63，1975年。

[3] 杜正胜《编户齐民——传统政治社会结构之形成》，联经出版事业有限公司，1990年。

[4] 高敏《云梦秦简初探》，河南人民出版社，1981年。

[5] 高敏《长沙走马楼简牍研究》，广西师范大学出版社，2008年。

[6] 韩树峰《汉魏法律与社会——以简牍、文书为

中心的考察》，社会科学文献出版社，2011年。

［7］ 侯旭东《近观中古史——侯旭东自选集》，中西书局，2015年。

［8］ 胡平生《胡平生简牍文物论稿》，中西书局，2012年。

［9］ 黎虎《先秦汉唐史论》，北京师范大学出版社，2016年。

［10］ 李均明《秦汉简牍文书分类辑解》，文物出版社，2009年。

［11］ 李天虹《居延汉简簿籍分类研究》，科学出版社，2003年。

［12］ 连先用《走马楼吴简所见吏民簿的复原、整理与研究——以发掘简为中心》，吉林大学博士学位论文，2018年。

［13］ 林甘泉主编《中国经济通史·秦汉》，经济日报出版社，2007年。

［14］ 凌文超《走马楼吴简采集簿书整理与研究》，广西师范大学出版社，2015年。

［15］ 凌文超《吴简与吴制》，北京大学出版社，2019年。

［16］ 刘敏《秦汉编户民问题研究——以与吏民、爵

制、皇权关系为重点》,中华书局,2014年。

［17］ 孟彦弘《出土文献与汉唐典制研究》,北京大学出版社,2015年。

［18］ 彭卫、杨振红《中国风俗通史·秦汉卷》,上海文艺出版社,2002年。

［19］ 彭卫《汉代婚姻形态》,中国人民大学出版社,2010年。

［20］ 裘锡圭《裘锡圭学术文集》,复旦大学出版社,2012年。

［21］ 沈刚《长沙走马楼三国竹简研究》,社会科学文献出版社,2013年。

［22］ 唐长孺《唐长孺文集》,中华书局,2011年。

［23］ 王笑《秦汉〈徭律〉研究》,湖南大学硕士学位论文,2016年。

［24］ 王子今《秦汉称谓研究》,中国社会科学出版社,2014年。

［25］ 王子今《秦汉儿童的世界》,中华书局,2018年。

［26］ 杨际平《杨际平中国社会经济史论集》,厦门大学出版社,2016年。

［27］ 杨联陞《中国语文札记——杨联陞论文集》,中

国人民大学出版社,2006年。

[28] 杨振红《出土简牍与秦汉社会(续编)》,广西师范大学出版社,2015年。

[29] 于振波《走马楼吴简续探》,文津出版社,2007年。

[30] 于振波《简牍与秦汉社会》,湖南大学出版社,2012年。

[31] 袁延胜《秦汉简牍户籍资料研究》,人民出版社,2017年。

[32] 张金光《秦制研究》,上海古籍出版社,2004年。

[33] 张荣强《汉唐籍帐制度研究》,商务印书馆,2010年。

[34] 赵宠亮《秦汉年龄分层与相关问题考察》,硕士学位论文,北京师范大学历史学院,2008年。

论文

[1] 曹文柱《略论东晋南朝时期的"吏"民》,《北京师院学报》1982年第2期。

[2] 长沙东牌楼东汉简牍研读班《〈长沙东牌楼东汉简牍〉释文校订稿》,《简帛研究二〇〇五》,广

西师范大学出版社，2008年。

[3] 陈剑《读秦汉简札记三篇》，复旦大学出土文献与古文字研究中心官网，2011年6月4日。

[4] 陈剑《读秦汉简札记三篇》，《出土文献与古文字研究》第4辑，上海古籍出版社，2011年。

[5] 陈絜《里耶"户籍简"与战国末期的基层社会》，《历史研究》2009年第5期。

[6] 陈明光《秦朝傅籍标准蠡测》，《中国社会经济史研究》1987年第1期。

[7] 陈槃《由汉简中之军吏名籍说起》，《大陆杂志》1951年第2卷第8期。

[8] 陈松长《秦代"户赋"新证》，《湖南大学学报（社会科学版）》2016年第4期。

[9] 陈伟《也谈董仲舒上言"又加"句的解读问题》，《第一届中日学者中国古代史论坛文集》，中国社会科学出版社，2010年。

[10] 高敏《曹魏租调制拾零》，《史学月刊》1982年第5期。

[11] 高敏《秦汉的户籍制度》，《求索》1987年第1期。

[12] 耿慧玲《由居延汉简看大男大女使男使女未使

男未使女小男小女的问题》,《简牍学报》1980年第7期。

[13] 韩树峰《汉唐户主资格的变迁》,《中国人民大学学报》2011年第1期。

[14] 韩树峰《论汉魏时期户籍文书的典藏机构的变化》,《人文杂志》2014年第4期。

[15] 韩树峰《名籍、名数、民数与户籍》,《田余庆先生九十华诞颂寿论文集》,中华书局,2014年。

[16] 韩树峰《论汉魏时期户籍文书的著录内容》,《简帛研究2014》,广西师范大学出版社,2014年。

[17] 韩树峰《汉晋时期的黄簿与黄籍》,《史学月刊》2016年第9期。

[18] 韩树峰《论秦汉时期的"老"》,《简帛》第13辑,上海古籍出版社,2016年。

[19] 何有祖《读〈二年律令〉札记》,丁四新主编《楚地简帛思想研究》,湖北教育出版社,2005年。

[20] 何有祖《读岳麓秦简肆札记(一)》,简帛网,2016年3月24日。

[21] 何有祖《利用岳麓秦简校释〈二年律令〉一则》,简帛网,2016年3月26日。

［22］ 何有祖《里耶16—9号简"枼"与秦汉简中的〈叶〉〈叶书〉》，简帛网，2018年8月16日。

［23］ 胡平生《读长沙走马楼简牍札记（二）》，《光明日报》2000年4月7日第3版。

［24］ 胡平生《天长安乐汉简〈户口簿〉"垣雍"考》，简帛网，2010年2月3日。

［25］ 黄艳萍《汉代边境的家属出入符研究——以西北汉简为例》，《理论月刊》2015年第1期。

［26］ 蒋一方《上海市区0~18岁年龄别身高及体重标准研制》，《上海预防医学杂志》2007年第11期。

［27］ 晋文《关于商鞅变法赋税改革的若干考辨》，《中国农史》2001年第4期。

［28］ 晋文《里耶秦简中的积户与见户——兼论秦代基层官吏的量化考核》，《中国经济史研究》2018年第1期。

［29］ 晋文《秦代确有算赋辨》，《中国农史》2018年第5期。

［30］ 黎明钊《里耶秦简：户籍档案的探讨》，《中国史研究》2009年第2期。

［31］ 李恒全《从走马楼吴简看孙吴时期的口算与

徭役》,《南京农业大学学报(社会科学版)》,2013年第2期。

[32] 李均明《张家山汉简所见规范人口管理的法律》,《政法论坛(中国政法大学学报)》2002年第5期。

[33] 李均明《长沙走马楼吴简所反映的户类与户等》,饶宗颐主编《华学》第9、第10辑,上海古籍出版社,2008年。

[34] 栗劲《〈睡虎地秦墓竹简〉译注斠补》,《吉林大学学报》1984年第5期。

[35] 连先用《吴简所见临湘"都乡吏民簿"里计简的初步复原与研究——兼论孙吴初期县辖民户的徭役负担与身分类型》,《简帛研究二〇一七(秋冬卷)》,广西师范大学出版社,2018年。

[36] 凌文超《秦汉魏晋"丁中制"之衍生》,《历史研究》2010年第2期。

[37] 凌文超《汉晋赋役制度识小》,《简帛》第6辑,上海古籍出版社,2011年。

[38] 凌文超《走马楼吴简所见"士伍"辨析》,《吴简研究》第3辑,中华书局,2011年。

[39] 凌文超《走马楼吴简"小""大""老"研究中的若干问题》,《中国国家博物馆馆刊》2013年第11期。

[40] 凌文超《简牍文书与秦汉魏晋徭役研究的新进展》,日本中国史学会编《中国史学》第27卷,朋友书店,2018年。

[41] 凌文超《长沙尚德街东汉户口简考释》,《第七届"中国古文书学"国际学术研讨会——文书文本解读与古代社会论文集》,河北石家庄,2018年9月15—16日。

[42] 凌文超《敖童新解》,"2019年中国出土医学文献与文物国际学术会"论文,四川成都,2019年6月22—23日。

[43] 凌文超《秦汉时期两类"小""大"身分说》,《古代文明与学术研讨会论文集》,浙江杭州,2019年9月21—22日。

[44] 刘敏《秦汉户籍中的"宗室属籍"》,《河北学刊》2007年第6期。

[45] 刘瑞《里耶古城北城壕出土户籍简牍的时代与性质》,《考古》2012年第9期。

［46］ 罗新《走马楼吴简整理工作的新进展》，《北大史学》7，北京大学出版社，2000年。

［47］ 马怡《秦人傅籍标准试探》，《中国史研究》1995年第4期。

［48］ 彭浩《读松柏出土的四枚西汉木牍》，《简帛》第4辑，上海古籍出版社，2009年。

［49］ 刘国胜：《江陵毛家园一号汉墓〈告地书〉牍补议》，简帛网，2008年10月27日。

［50］ 刘国胜：《谢家桥一号汉墓〈告地书〉牍的初步考察》，《江汉考古》2009年第3期。

［51］ 彭浩《数学与汉代的国土管理》，[韩]中国中世史学会编《中国古中世史研究》第21卷，2009年。

［52］ 齐继伟《西北汉简所见吏及家属出入符比对研究》，《敦煌研究》2018年第6期。

［53］ 荣新江《吐鲁番新出前秦建元二十年籍的渊源》，土肥义和编《敦煌·吐鲁番出土汉文文书の新研究》，《东洋文库论丛》第72期，2009年。

［54］ 沈长云、李晶《春秋官制与〈周礼〉比较研究——〈周礼〉成书年代再探讨》，《历史研究》

2004年第6期。

[55] 宋少华《长沙三国吴简保护整理与研究的新进展》，长沙市文物考古研究所编《长沙三国吴简暨百年来简帛发现与研究国际学术研讨会论文集》，中华书局，2005年。

[56] 孙闻博《秦及汉初"徭"的内涵与组织管理——兼论"月为更卒"的性质》，《中国经济史研究》2015年第5期。

[57] 孙筱《秦汉户籍制度考述》，《中国史研究》1992年第4期。

[58] 汪小烜《走马楼吴简户籍初论》，《吴简研究》第1辑，崇文书局，2004年。

[59] 王素、宋少华、罗新《长沙走马楼简牍整理的新收获》，《文物》1999年第5期。

[60] 王素《长沙走马楼简牍研究辨误》，《考古学研究（五）：庆祝邹衡教授七十五寿辰暨从事考古研究五十年论文集》，科学出版社，2003年。

[61] 王素《长沙东牌楼东汉简牍选释》，《文物》2005年第12期。

[62] 王伟、孙兆华《"积户"与"见户"：里耶秦简所

见迁陵编户数量》，《四川文物》2014 年第 2 期。

[63] 王永兴《敦煌唐代差科簿考释》，《历史研究》1957 年第 12 期。

[64] 王子今《两汉社会的"小男""小女"》，《清华大学学报》2008 年第 1 期。

[65] 魏斌《五条诏书小史》，武汉大学中国三至九世纪研究所编《魏晋南北朝隋唐史资料》第 26 辑，武汉大学文科学报编辑部编辑出版，2010 年。

[66] 文欣《唐代差科簿制作过程——从阿斯塔那 61 号墓所出役制文书谈起》，《历史研究》2007 年第 2 期。

[67] 邬文玲《张家山汉简〈二年律令〉释文补遗》，《简帛研究二〇〇四》，广西师范大学出版社，2006 年。

[68] 邬文玲《里耶秦简所见"户赋"及相关问题琐议》，《简帛》第 8 辑，上海古籍出版社，2013 年。

[69] 邢义田《张家山汉晋〈二年律令〉读记》，《燕京学报》2003 年新第 15 期。

[70] 邢义田《龙山里耶秦迁陵县城遗址出土某乡南阳里户籍简试探》，简帛网，2007 年 11 月 3 日。

[71] 徐畅《走马楼简中的成年待嫁女与未成年已嫁女》,《简帛研究二〇〇七》,广西师范大学出版社,2010年。

[72] 徐畅《隋唐丁中制探源——从敦煌吐鲁番出土户籍文书切入》,《中华文史论丛》2011年第2期。

[73] 徐畅《再辨秦汉年龄分层中的"使"与"未使"——兼论松柏出土53号木牍"使大男"之含义》,《简帛研究二〇〇九》,广西师范大学出版社,2011年。

[74] 徐扬杰《居延汉简廪名籍所记口粮的标准和性质》,《江汉论坛》1993年第2期。

[75] 杨际平《凤凰山十号汉墓据"算"派役文书研究》,《历史研究》2009年第6期。

[76] 杨振红、尹在硕《韩半岛出土简牍与韩国庆州、扶余木简释文补正》,《简帛研究二〇〇七》,广西师范大学出版社,2010年。

[77] 姚磊《〈肩水金关汉简(肆)〉缀合(二十一)》,简帛网,2016年5月26日。

[78] 于振波《略说走马楼吴简之名籍》,《简帛研究

二〇〇八》,广西师范大学出版社,2010年。

[79] 袁延胜《论东汉的户籍问题》,《中国史研究》2005年第1期。

[80] 袁延胜《天长纪庄木牍〈算簿〉与汉代算赋问题》,《中国史研究》2008年第2期。

[81] 臧知非《秦汉"傅籍"制度与社会结构的变迁——以张家山汉简〈二年律令〉为中心》,《人文杂志》2005年第1期。

[82] 张春龙《里耶秦简所见的户籍和人口管理》,《里耶古城·秦简与秦文化研究——中国里耶古城·秦简与秦文化国际学术研讨会论文集》,科学出版社,2009年。

[83] 张俊民《江陵高台18号墓木牍释文浅析》,《简帛研究二〇〇一》,广西师范大学出版社,2001年。

[84] 张荣强《唐代吐鲁番籍的"丁女"与敦煌籍的成年"中女"》,《历史研究》2011年第1期。

[85] 张荣强《再论孙吴简中的户籍文书——以结计简为中心的讨论》,《北京师范大学学报(社会科学版)》2014年第5期。

［86］ 张荣强《"小""大"之间——战国至西晋课役身分的演进》,《历史研究》2017 年第 2 期。

［87］ 赵宠亮《先秦秦汉的年龄分层与年龄称谓》,《湖南科技学院学报》2010 年第 2 期。

［88］ 郑威《汉帝国空间边缘的伸缩：以乐浪郡的变迁为例》,《社会科学》2016 年第 11 期。

［89］ 朱红林《汉代"七十赐杖"制度及相关问题考辨——张家山汉简〈傅律〉初探》,《东南文化》2006 年第 4 期。

［90］ 朱圣明《秦至汉初"户赋"详考——以秦汉简牍为中心》,《中国经济史研究》2014 年第 1 期。

国外学者论著

［1］ 安部聪一郎《長沙吴簡にみえる名籍の初步的检討》,《长沙吴简研究报告》第 2 集，2004 年。

［2］ 安部聪一郎《试论走马楼吴简所见名籍之体式》,《吴简研究》第 2 辑，崇文书局，2006 年。

［3］ 安部聪一郎《走馬樓吴簡にみえる名籍の様式についての一試論》,《长沙走马楼出土吴简に関する比较史料学の研究とそのデータベース

化》(平成 16 年度~平成 18 年度科学研究费补助金〈基盘研究 B〉研究成果报告书), 2007 年。

[4] 池田温著《中国古代籍帐研究》, 龚泽铣译, 中华书局, 2007 年。

[5] 渡辺信一郎《中国古代の財政と国家》, 汲古书院, 2010 年。

[6] 宫崎市定《中国古代赋税制度论》, 杜正胜编《中国上古史论文选集》, 华世出版社, 1979 年。

[7] 关尾史郎《史料群としての长沙吴简·试论》,《木简研究》第 27 号, 2005 年。

[8] 关尾史郎《长沙吴简中の名籍について—史料群としての长沙吴简·试论 (2)—》,《唐代史研究》第 9 号, 2006 年。

[9] 关尾史郎《长沙吴简吏民簿の研究(上)—「嘉禾六(二三七)年广成乡吏民簿」の复元と分析—》, 新潟大学人文学部《人文科学研究》第 137 辑, 2015 年。

[10] 关尾史郎《簿籍の作成と管理からみた临湘侯国—名籍を中心として—》,《湖南出土简牍とその社会》, 汲古书院, 2015 年。

[11] 广濑薰雄《张家山汉简所谓〈史律〉中有关践更之规定的探讨》,《人文论丛（2004年卷）》,武汉大学出版社,2005年。

[12] 广濑薰雄《更徭辨》,中国社会科学院简帛学国际论坛论文,2006年11月。

[13] 加藤繁《中国经济史考证》,中华书局,2012年。

[14] 鹫尾祐子《长沙走马楼吴简连记式名籍简の检讨—家族の记录について—》,立命馆东洋史学会《中国古代史论丛》第7集,2010年。

[15] 鹫尾祐子《长沙走马楼吴简连记式名籍简的探讨——关于家族的记录》,《吴简研究》第3辑,中华书局,2011年。

[16] 鹫尾祐子《资料集：三世纪の长沙における吏民の世带—走马楼吴简吏民簿の户の复原—》"吏民簿2",东京外国语大学アジア・アフリカ言语文化研究所,2017年。

[17] 鲁惟一《汉代行政记录》,于振波、车今花译,广西师范大学出版社,2005年。

[18] 平中苓次《居延汉简と汉代の财产税》,《立命馆大学人文科学研究所纪要》1953年第1期。

[19] 森鹿三《论居延出土的卒家属廪名籍》,金立新译,《简牍研究译丛》第1辑,中国社会科学出版社,1983年。

[20] 山田胜芳《秦汉财政收入の研究》,汲古书院,1993年。

[21] 山田胜芳《鸠杖与徭役制度》,庄小霞译,《简帛研究二〇〇四》,广西师范大学出版社,2006年。

[22] 山田胜芳《西汉武帝时期的地域社会与女性徭役——由安徽省天长市安乐镇十九号汉墓木牍引发的思考》,庄小霞译,《简帛研究二〇〇七》,广西师范大学出版社,2010年。

[23] 石原辽平《长沙吴简名籍考——书式と出土状况を中心に》,《中国出土资料研究》14,2010年。

[24] 藤田胜久《中国古代国家と郡县社会》,汲古书院,2005年。

[25] 西嶋定生《中国古代帝国的形成与结构——二十等爵制研究》,武尚清译,中华书局,2004年。

[26] 永田英正《礼忠简と徐宗简について—平中氏

の算賦申告書説の再検討》,《东洋史研究》第28卷第2、3号,1969年。

[27] 永田英正《居延汉简烽燧考》,那向芹译,《简牍研究译丛》第2辑,中国社会科学出版社,1987年。

后 记

这本小书是在论文《秦汉魏晋"丁中制"之衍生》(《历史研究》2010年第2期)的基础上扩充而成的。从我开始研究这一问题,至今倏忽已十年。未曾料到,我会撰成这样一本小书。是学界的往复讨论促使我不断思考并进而更为系统地论述这一疑点多、争论大而定论很少的问题。希望小书对于后续研究能起到抛砖引玉的作用。

小书能够面世,我要感谢岳庆平、罗新、宋超、陈伟、陈侃理、陈涛、谭翠、肖军伟等先生提供的指教及多种帮助和支持。历历往事,如在眼前。

小书也意味着我在秦汉三国课役身分方面的研究暂告一段落。但这一问题的研究远未结束,随着相关简牍文献的公布,一定会常写常新,后来者居上,这是毋庸置疑的。我期待大家的批评与指正！

凌文超

2019 年 2 月于世纪村

2019 年 10 月补记